Peter Walker

Massagem
para o Desenvolvimento do
Bebê
Guia Ilustrado

Manole

Título original em inglês: *Developmental baby massage*
Texto © Peter Walker, 2000, 2009
Ilustração e compilação © 2000, 2009 Carroll & Brown Limited.
Traduzido a partir do livro publicado originalmente por Carroll & Brown Limited,
20 Lonsdale Road, Queen's Park, London NW6 6RD.
Todos os direitos reservados.

Este livro contempla as regras do Acordo Ortográfico da Língua Portuguesa de 1990, que entrou em vigor no Brasil.

Tradução
Dayse Batista

Capa
Depto. de arte da Editora Manole

Todas as técnicas apresentadas neste livro têm sido praticadas com segurança nos últimos trinta anos pelo autor, professores credenciados e milhares de pais. Entretanto, os editores e o autor não se responsabilizam por nenhuma lesão causada pelo uso indevido dessas técnicas.

Nenhuma parte deste livro poderá ser reproduzida, por qualquer processo, sem a permissão expressa dos editores.
É proibida a reprodução por xerox.

A Editora Manole é afiliada à ABDR – Associação Brasileira de Direitos Reprográficos.

Edição brasileira – 2011

Direitos em língua portuguesa adquiridos pela:
Editora Manole Ltda.
Av. Ceci, 672 - Tamboré
06460-120 - Barueri - SP - Brasil
Tel. (11) 4196-6000 - Fax (11) 4196-6021
www.manole.com.br
info@manole.com.br

Impresso no Brasil
Printed in Brazil

Dados Internacionais de Catalogação na Publicação (CIP)
(Câmara Brasileira do Livro, SP, Brasil)

Walker, Peter
    Massagem para o desenvolvimento do bebê: guia ilustrado / Peter Walker ; tradução de Dayse Batista. -- Barueri, SP : Manole, 2011.

    Título original: Developmental baby massage
    ISBN 978-85-204-3231-0

    1. Bebês - Cuidados 2. Bebês - Desenvolvimento 3. Massagem para bebês I. Título.

11-01565   CDD-649.122

Índices para catálogo sistemático:
    1. Massagem para o desenvolvimento de bebês :
       Terapêutica : Puericultura   649.122

Prefácio

Desde sua primeira publicação, em 2000, meu guia ilustrado de massagem para o desenvolvimento de bebês já apresentou a milhares de pais uma das habilidades mais úteis que eles podem dominar. Por meio do toque amoroso dos pais, os bebês recebem muitos benefícios físicos e emocionais. Eles relaxam e ganham confiança e intimidade com os pais e, enquanto amadurecem, perdem a "flexão fisiológica" imposta por sua posição no útero e começam a conquistar uma maior amplitude de movimentos. Os pais também se beneficiam, já que essas técnicas incentivam o apego carinhoso e maior confiança para aconchegar e manusear, e também podem ser usadas para garantir uma completa saúde estrutural e a boa forma dos seus bebês.

Esta nova edição foi totalmente revisada e inclui sequências adicionais que podem ser usadas com sucesso desde o nascimento. O livro em si tem uma encadernação em espiral que permite posicioná-lo na própria superfície de massagem, permitindo consultá-lo de maneira fácil e prática sem o uso das mãos.

A massagem mais poderosa que seu bebê poderá receber durante a vida é o próprio parto, por conta das contrações vaginais. Durante esse período, as contrações prolongadas do útero empurram seu bebê pelo canal do parto e estimulam seu sistema nervoso periférico e principais órgãos em preparação para a vida fora do útero. Ao dar continuidade a um padrão similar de estímulo físico enquanto o bebê se desenvolve, você está seguindo o modo usado pela natureza para aumentar a resistência dos bebês. E, se ele precisou nascer de parto por cesárea, isso poderá ser ainda mais necessário, já que ele não passou por aquela primeira estimulação.

As técnicas apresentadas neste livro foram planejadas especificamente para dar a você e ao seu bebê todos os benefícios da massagem tradicional, enquanto também ajudam seu pequenino a conquistar seu potencial físico em cada fase do desenvolvimento – do nascimento até os estágios de sentar, ficar de pé e dar os primeiros passos. Ao atuar sobre os músculos e articulações, essas técnicas transmitem todos os benefícios de um toque amoroso e também garantem que seu bebê conquiste a flexibilidade total à medida que começar a andar. Além disso, asseguram um nível de relaxamento em que, à medida que o seu filho se desenvolve – tanto física como emocionalmente –, ele tende a sofrer menos traumas e se torna mais propenso a manter boa postura e desfrutar da autoconfiança que acompanha uma grande amplitude de movimentos físicos.

A massagem para o desenvolvimento de bebês é altamente terapêutica. Ao mesmo tempo preventiva e curativa, oferece uma forma de tratamento imediato e conveniente. Pode ser usada para aliviar articulações rígidas ou frouxas, gases, cólicas, constipação e outros pequenos incômodos, e oferece um elemento de alívio e auxílio para crianças com necessidades adicionais. Essa massagem também pode revelar potenciais problemas físicos.

Massagem para o Desenvolvimento do Bebê – Guia Ilustrado começa com uma apresentação dos benefícios físicos e emocionais da massagem no seu bebê.

Como usar o livro

- O livro foi elaborado de modo que você possa dispô-lo como um calendário de mesa, assim é possível consultar o texto e deixar suas mãos livres para massagear o bebê.

- A página superior de cada exercício explica a finalidade e os benefícios da massagem, e a página inferior mostra como fazê-la, passo a passo.

- As caixas de texto salientam quaisquer contraindicações ou questões importantes que você deve ter em mente ao massagear seu bebê.

1 *O Capítulo 1* mostra como usar toques e movimentos de massagem – com o bebê vestido ou não –, no intuito de desenvolver um íntimo relacionamento com ele nas primeiras semanas de vida, e ajudá-lo a relaxar e a se desenvolver com maior plenitude.

2 *O Capítulo 2* demonstra uma eficiente rotina de massagem para o corpo inteiro, bem como tudo o que você precisa saber para ter sucesso – desde a preparação e os movimentos até os óleos e a criação do ambiente ideal. Com a prática regular, essa rotina de massagem da cabeça aos pés, em conjunto com os primeiros toques, promoverá segurança emocional e os principais atributos físicos que constituem boa postura, saúde e aptidão física. Ela permitirá que você promova e mantenha a força e o vigor do seu bebê. As técnicas também podem revelar e aliviar quaisquer áreas escondidas de tensão muscular e rigidez das articulações.

3 *O Capítulo 3* mostra como usar a massagem nos estágios mais tardios da primeira infância, para ajudar seu bebê a conquistar e manter uma postura sentada saudável e confortável.

4 *O Capítulo 4* acompanha o ritmo do seu bebê. Ao adquirir maior mobilidade, ele desejará explorar sua ampla gama de movimentos físicos. Esse é o momento certo para introduzir ioga suave para bebês e brincadeiras que o envolvam em movimentos versáteis. Esses movimentos visam manter a flexibilidade natural e promover força, equilíbrio e boa postura quando seu pequeno se sentar ou se colocar em pé. Ao fim deste capítulo, você também descobrirá o melhor momento para massagear seu bebê ativo.

5 *O Capítulo 5* aborda queixas comuns e mostra como a massagem e o movimento podem ser usados para prevenir e aliviar essas condições. Necessidades adicionais também são discutidas, e o livro demonstra como a massagem pode complementar as formas existentes de tratamento e terapia.

Sumário

Prefácio	3
Introdução	
Os benefícios do toque	6
Capítulo 1	
Como apresentar a massagem ao seu bebê	8
Fazendo contato	10
O primeiro alongamento	12
Contato pele-a-pele	14
Pai e bebê	16
A hora da barriguinha	18
Banho de ar	20
Capítulo 2	
Massagem dos pés à cabeça	22
Toques e técnicas	24
Óleos de massagem	26
Antes de começar	28
Pés	30
Pernas	32
Quadris	34
Barriga	36
Tórax	38
Ombros e braços	40
Mãos	42
Costas e coluna	44
Cabeça e pescoço	46
Técnica craniossacral	48
Capítulo 3	
Garantindo a postura do seu bebê	50
Ajudando seu bebê a sentar	52
Sentar com apoio	54
Sentar sem apoio	56
Sentar ao estilo japonês	58
Capítulo 4	
Mobilidade e ginástica suave	60
Incentivando a mobilidade	62
Balanço na pose do alfaiate	64
Pernas fortes e flexíveis	66
Tórax e ombros abertos	68
Força e flexibilidade nas costas	70
Reintroduzindo a massagem	72
Capítulo 5	
Toque terapêutico para doenças e necessidades adicionais	76
Tosse, resfriado e congestão	78
Alívio para olhinhos grudentos	80
Tratando ouvidos inflamados	81
Gases, cólicas e constipação	82
Dentição e irritabilidade	84
Insônia	86
Tigre na árvore	88
Bebês de cesárea	90
Bebês prematuros	91
Deficiências visuais	92
Deficiência auditiva	93
Pés tortos	94
Paralisia cerebral	95
Índice remissivo e agradecimentos	96

Os benefícios do toque

O toque é a primeira linguagem do recém-nascido – é seu principal meio de comunicação e exerce um papel essencial na formação do relacionamento inicial entre os pais e o bebê. Massagear seu bebê permite que você expresse afeto e atenda à necessidade de contato físico que ele tem. Os benefícios da massagem são tanto emocionais como físicos, de modo que seu bebê conquistará um bem-estar completo.

Emocionais

Cada reação emocional traz uma reação muscular. Ao aliviar a tensão muscular, a massagem para bebês acalma as emoções e ajuda no alívio de parte do trauma e da ansiedade associados com o nascimento e com um novo ambiente e, mais tarde, com o desmame. Existem, além disso, diversos outros benefícios emocionais. Massagear seu bebê:

- Introduz um nível único de confiança e segurança no seu relacionamento.
- Leva a um contato maior dos pais com seus bebês – dando-lhes a oportunidade de fortalecer o relacionamento e aprender como manusear seus bebês com confiança.
- Se feita regularmente, reduz a circulação de cortisol – um hormônio do estresse presente na corrente sanguínea. Essa redução é constante e se mantém entre as sessões de massagem.

- Estimula a liberação das endorfinas, os opiáceos naturais do corpo, que aliviam a dor. Com a redução do cortisol, isso induz sensações gerais de bem-estar pelo corpo inteiro.
- Promove o apego. Ao massagear seu filho, você também mantém contato visual, beija, acaricia e diz palavras carinhosas, o que incentiva a proximidade em um relacionamento.

Físicos

A pele fornece ao sistema nervoso central um fluxo contínuo de informações sobre o ambiente imediato ao corpo. Quando você toca a pele do seu bebê, a sensação é transmitida para o sistema nervoso central dele, o que inicia respostas físicas e fisiológicas, além de emocionais. A massagem regular produz os seguintes benefícios físicos:

- Crescimento e desenvolvimento saudáveis do seu bebê. O toque é tão importante quanto as vitaminas, minerais e proteínas; bebês privados de toque não se desenvolvem.
- Aumento dos hormônios do crescimento pela glândula pituitária.
- Melhora na circulação. À medida que relaxam, os músculos absorvem sangue e, quando se contraem, ajudam a bombear o sangue de volta ao coração e auxiliam no retorno venoso. As áreas periféricas do corpo do seu bebê – o alto da cabeça, mãos e pés – com frequência estão frias, porque o sistema circulatório dele ainda não se desenvolveu totalmente. A massagem consegue aquecer as mãos e os pés.

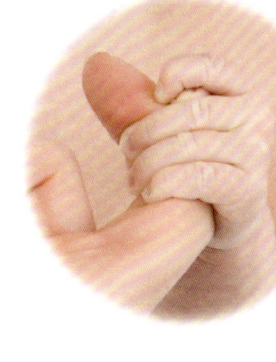

- Relaxamento muscular e flexibilidade das articulações. A massagem permite que os músculos relaxem e, quando isso ocorre, as articulações podem movimentar-se livremente. A flexibilidade das articulações é essencial para permitir que o bebê estabeleça grandes amplitudes de movimentos físicos e mobilidade.
- Limpeza da pele do bebê e ajuda na remoção de células mortas. A massagem abre os poros e incentiva a eliminação de toxinas e a secreção de sebo – o óleo natural que auxilia na elasticidade da pele e na resistência a infecções.
- Estímulo do nervo vago. Um ramo desse nervo leva ao trato gastrintestinal, onde facilita a liberação dos hormônios da absorção, como insulina e glicose.
- Promoção do fluxo de fluido linfático para a remoção de resíduos, melhorando assim a resistência do organismo a infecções.

1 COMO APRESENTAR A MASSAGEM AO SEU BEBÊ

Desde o começo, a mãe deve permanecer no centro de qualquer "tratamento" oferecido ao seu bebê. A maioria das mães sente vontade de pegar o filho no colo e estabelecer contato pele-a-pele antes de levarem o bebê para ser pesado, medido, banhado ou vestido. Desde o útero até os braços da mãe, o toque torna-se a primeira linguagem do recém-nascido, e é sendo abraçado e acariciado que um bebê se sente bem-vindo e amado. O período sensível em termos de maternidade – tanto física quanto emocionalmente – imediatamente após o nascimento do bebê é aquele no qual o bebê deve ser recebido quase que literalmente no seio da família. Para aquelas mães e bebês que perdem esse período, porém, ele pode ser recuperado mais tarde – e ser imensamente ajudado por algumas das técnicas apresentadas neste livro. O relacionamento entre mãe e filho é inigualável. Ele prepara as bases do amor e aprendizagem que podem afetar a criança pelo resto da vida. Comparados com outros mamíferos, os bebês humanos são prematuros e

precisam ser abraçados, acarinhados, balançados e ouvir a voz humana durante as oito primeiras semanas de vida, até terem "acostumado" seus sentidos a um ambiente novo e desconhecido.

Embora a necessidade de ser abraçado, acarinhado e tocado continue durante a vida inteira, ela é mais intensa na primeira infância, durante o período pré-verbal.

Principais benefícios da massagem precoce

- O contato físico pele-a-pele estimula a liberação do hormônio do "amor", a oxitocina, e os "aliviadores de estresse" naturais, endorfinas; estas, por sua vez, incentivam a proximidade e a satisfação entre pais e bebê.

- O desenvolvimento do seu senso de toque aumenta sua confiança e faz com que o bebê se sinta protegido e amado. Isso fortalece os vínculos físicos e emocionais entre pais e bebê e promove sensações de segurança no bebê.

- A massagem auxilia na digestão, relaxa a barriguinha e incentiva sensações de tranquilidade.

- A massagem fortalece o sistema imunológico e ajuda o bebê a respirar mais profundamente, e pela continuação da respiração abdominal, ele absorve mais oxigênio com menos esforço.

Fazendo contato

Bebês recém-nascidos geralmente passam a maior parte do tempo dormindo – talvez até 18 horas por dia –, mas a partir da sexta à oitava semanas de vida, seu bebê ainda dormirá aproximadamente 15 horas por dia. Com sorte, a maior parte dessas horas estará concentrada no período da noite. Entre as mamadas, não quando ele estiver cheio demais ou com fome, mas sim em um estado de alerta tranquilo, você poderá começar a desenvolver seu senso de toque e iniciar a massagem.

Com o passar do tempo, os períodos de vigília do seu bebê se tornarão mais longos, e suas oportunidades de massageá-lo aumentarão. Acostumá-lo a ser tocado e apalpado em um estado precoce facilitará uma rotina mais formal de massagem, tornando-a posteriormente mais agradável para vocês dois.

A maioria dos bebês muito jovens sente-se muito vulnerável sem roupas, mas responde bem a movimentos suaves e não invasivos – primeiro através das roupas e, no momento e no ambiente certos, despidos.

Quando o seu bebê se acostumar com o seu toque, tiver passado pela avaliação médica de seis a oito semanas e apresentar um grau razoável de força nas costas e no pescoço você poderá iniciar uma massagem mais estruturada (ver o Capítulo 2).

Fazendo contato

Já a partir dos primeiros dias, reservar um tempinho para você e seu recém-nascido literalmente sentirem um ao outro trará muitos benefícios. O toque é para o seu bebê um "sensor-mamãe", e pelo toque (e olfato) ele aprenderá rapidamente a reconhecê-la. Confiança e segurança também aumentarão em você, ao manuseá-lo, e nele, ao ser manuseado.

O início da massagem neste período deve ser o menos invasiva possível, e o bebê deve estar vestido.

Tente embalá-lo nos seus braços e massagear sua barriguinha suavemente, de um lado para outro, com a mão em concha e relaxada. Depois de se familiarizar com a barriga do seu bebê, feche os olhos e sinta os contornos do corpinho dele. Aperte levemente as pernas e pés, ombros e tórax. Coloque a mão em concha relaxada atravessada sobre a coroa da cabecinha e, então, volte à barriga.

POSTURA DO RECÉM-NASCIDO
Um bebê pequeno mantém os membros próximos ao corpo, com braços e pernas flexionados. A cabeça pende para o lado, já que os músculos do pescoço ainda não têm força para apoiá-la. Se o bebê mantém os membros apertados contra o corpo, você pode começar a ajudá-lo a relaxar.

FAZENDO CONTATO

1 Apoie seu bebê, deixando que ele se recoste contra seu peito, com as nádegas no seu colo. Passe seus braços sob os dele e segure-o com os pezinhos juntos e os joelhos abertos.

2 Pouse a mão atravessada na barriguinha dele e massageie com suavidade de um lado para o outro. Abra a sua outra mão para apoiar as perninhas e os pés do bebê. Inclinando-se para trás, baixe devagar a mão que apoia as pernas e os pés, para incentivá-lo a baixar os pés e relaxar e estender as pernas.

NUNCA TENTE FORÇAR nenhum movimento. Se o bebê não estiver contente com seus toques, aconchegue-o nos braços e volte à sequência em outro momento.

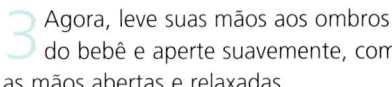

3 Agora, leve suas mãos aos ombros do bebê e aperte suavemente, com as mãos abertas e relaxadas.

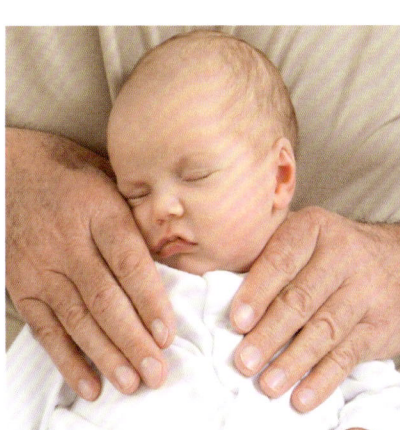

4 Com as mãos relaxadas, massageie delicadamente descendo pelos braços do bebê, para relaxá-los e descontraí-los. Depois, coloque-o de frente para você, com as costas repousando em suas coxas e as pernas colocadas contra a sua barriga, joelhos abertos e pés juntos. Balance o bebê suavemente.

SEU BEBÊ PODE ADORMECER enquanto você faz isso, mas se ele se agitar ou chorar, pare e o aconchegue. Lembre-se: a massagem é algo que você faz junto com seu bebê, nunca contra a vontade dele.

O primeiro alongamento

A tranquilidade nasce no abdome, que é o principal centro emocional. Mantenha a barriguinha do bebê relaxada e ele continuará tranquilo. Se a barriguinha estiver relaxada, a respiração do bebê será mais profunda e possibilitará maior absorção de oxigênio com menos esforço. A respiração pelo abdome proporcionará um maior senso de relaxamento geral. Isso é particularmente importante se o seu bebê tiver passado por um trauma ou se estiver irritado ou ansioso em decorrência de trauma durante a gestação, parto ou após o nascimento.

Uma massagem suave, de lado a lado, ajudará a relaxar a barriguinha do seu filho.

Passar algum tempo de bruços com a barriguinha relaxada (ver páginas 18-19) também relaxará e preparará seu bebê para o primeiro estágio do seu padrão de desenvolvimento – levantar sozinho a cabeça.

FLEXÃO FISIOLÓGICA
Esse termo descreve a tensão que leva seu bebê a uma posição fetal, como resultado do crescimento no espaço confinado do útero. Uma vez que o bebê tenha começado a relaxar usando as posições mostradas anteriormente, os movimentos abaixo o ajudarão a relaxar mais e a alongar-se de forma mais plena, saindo da posição fetal (isso é semelhante a alongar os seus próprios membros quando você desperta de uma boa noite de sono).

O PRIMEIRO ALONGAMENTO

1. Sente-se em uma cadeira confortável e coloque-o sentado de lado no seu colo. Deixe que ele se incline para a frente, com os braços estendidos sobre o seu antebraço. Com as mãos relaxadas e abertas, friccione com delicadeza a cabeça e o pescoço do bebê, movimentando-se em direção à base da coluna e tornando a subir.

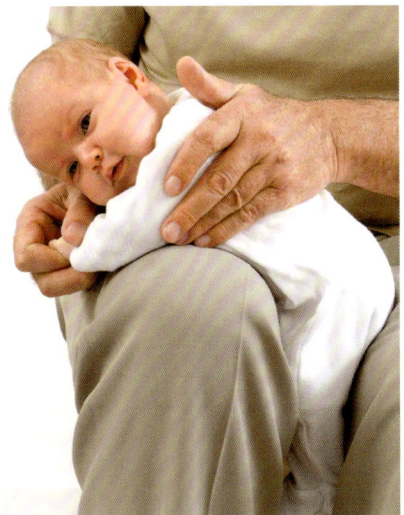

2. Apenas depois que ele relaxar na posição um, coloque-o com a barriguinha contra a sua coxa. Os braços do bebê são estendidos e as perninhas estão apoiadas entre as suas. Suavemente, balance o bebê e friccione as laterais da região lombar superior e dos braços (os músculos grande dorsal e trapézio) para relaxar os bracinhos e ombros.

3. Apenas depois que ele relaxar na posição dois, balance-o suavemente e endireite as perninhas sobre as suas próprias coxas. Agora, com seu bebê totalmente relaxado e estendido nessa posição, massageie toda a extensão das costas e das perninhas dele, friccionando e dando tapinhas carinhosos enquanto o balança de maneira leve.

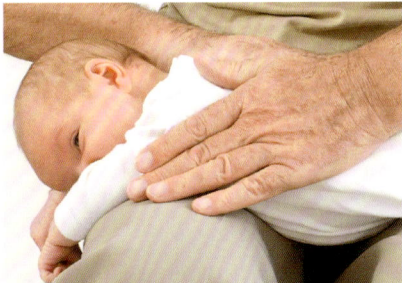

ESSA É UMA EXCELENTE PRIMEIRA POSIÇÃO PARA SEGURAR O BEBÊ, pois permite que você o segure ao mesmo tempo em que mantém seus braços e mãos livres (funciona para fazê-lo arrotar após as refeições).

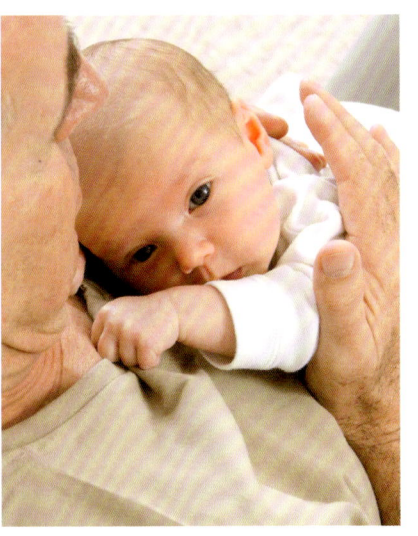

4. Depois que ele estiver totalmente relaxado, deslize lentamente na cadeira para inclinar seu corpo. Com cuidado, levante o bebê com as mãos sob os braços dele e deite-o sobre o seu peito, em uma posição de coração-a-coração, com as pernas dele estendidas para baixo. Continue massageando delicadamente toda a extensão das costas do bebê.

O SOM DOS SEUS BATIMENTOS CARDÍACOS confortará o bebê e, agora que ele já relaxou a barriguinha, estará mais tranquilo, calmo e feliz. Inclua muitos beijinhos e não *se esqueça de ensinar ao papai.*

Contato pele-a-pele

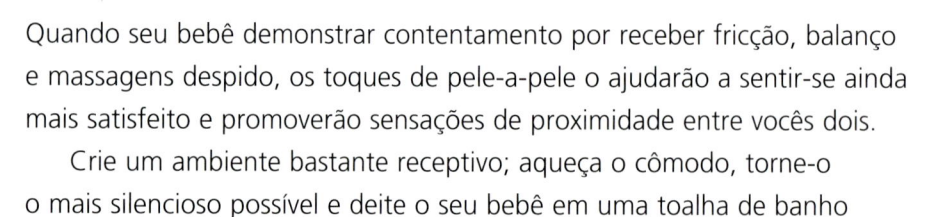

Quando seu bebê demonstrar contentamento por receber fricção, balanço e massagens despido, os toques de pele-a-pele o ajudarão a sentir-se ainda mais satisfeito e promoverão sensações de proximidade entre vocês dois.

Crie um ambiente bastante receptivo; aqueça o cômodo, torne-o o mais silencioso possível e deite o seu bebê em uma toalha de banho dobrada, macia e aquecida. Tire as roupinhas dele lentamente e converse com ele enquanto faz isso. Retire joias e bijuterias que possam arranhar a pele do bebê e garanta que suas mãos estejam limpas e aquecidas – friccione-as uma contra a outra e balance-as para descontraí-las antes de pousá-las no bebê. Mantenha seus movimentos relaxados e rítmicos.

FAÇA CONTATO VISUAL
Olhe nos olhos do seu bebê enquanto começa a acariciá-lo e sempre que ele olhar para você.

CONTATO PELE-A-PELE

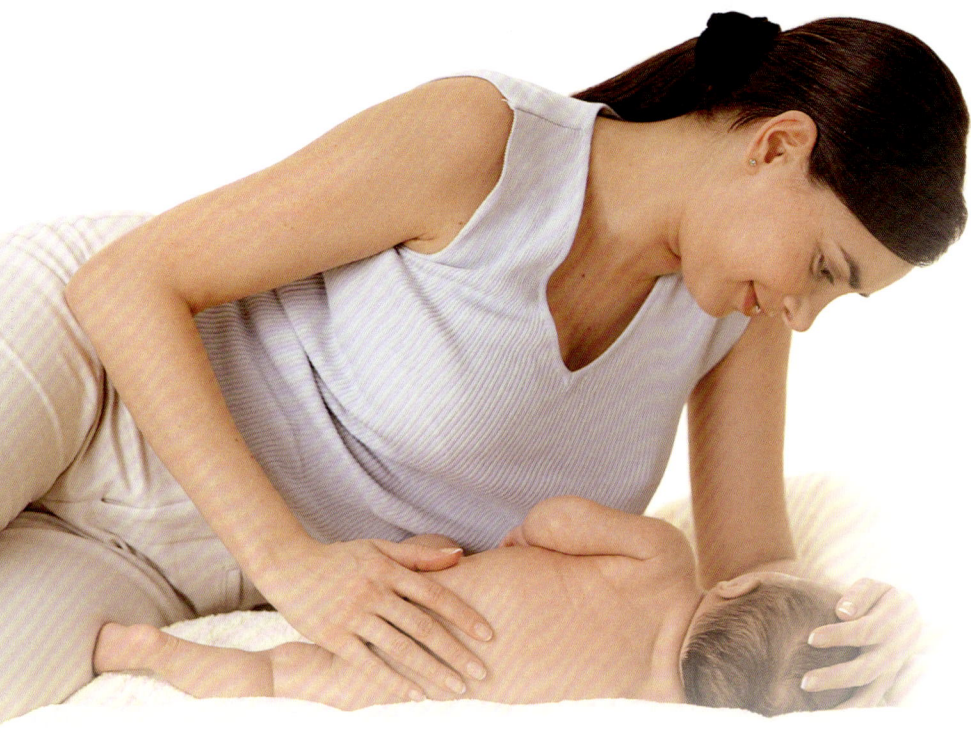

1. Deite-se sobre o lado esquerdo do seu corpo, de frente para o seu bebê, que estará deitado sobre o lado direito do corpo. Com toda a palma da mão direita, faça movimentos da parte de trás do pescoço até a base da coluna do bebê, como você faria ao acariciar um gatinho ou cãozinho.

• Continue por cerca de um minuto.

2. Use um movimento circular para massagear suavemente em torno da região lombar superior do seu bebê e então percorra toda a extensão das costas, até a base da coluna.

• Continue por cerca de um minuto.

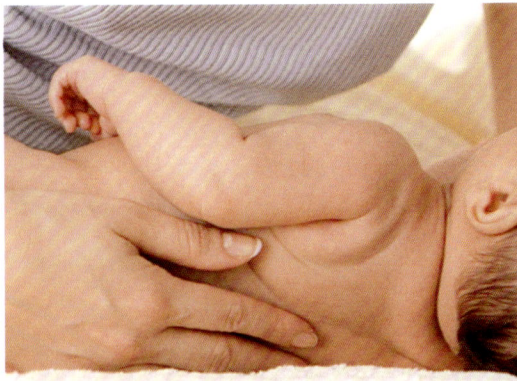

3. A seguir, direcione o movimento para o braço lentamente. Mantenha o toque gentil e relaxado enquanto leva o movimento do ombro até a mão.

• Continue por cerca de um minuto e repita no braço direito do bebê.

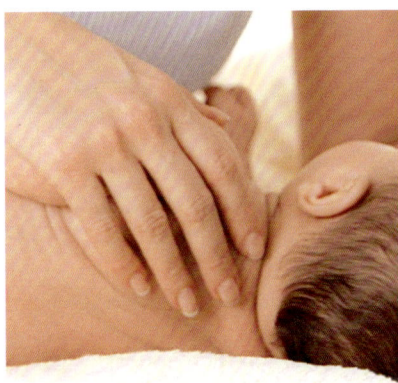

4. Leve sua mão até o alto da perna do bebê e faça movimentos para baixo, dos quadris até o pé, com a palma da sua mão. Você pode sacudir um pouquinho a perna para afrouxá-la e ajudar o bebê a relaxar.

• Continue por cerca de um minuto e repita com a perna direita.

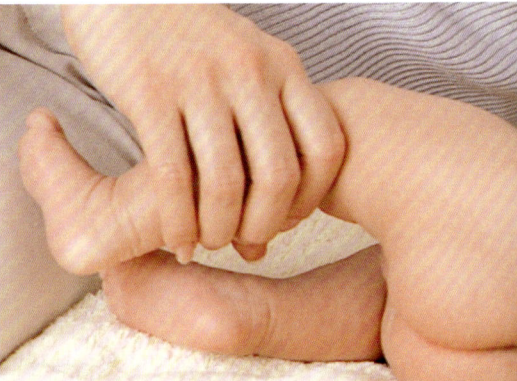

Pai e bebê

Os pais não passam por aqueles nove meses de proximidade física que as mães compartilham com seus bebês no primeiro período de crescimento e desenvolvimento, enquanto ainda estão no útero. Muitas mães sentem seus bebês "flutuando" durante as primeiras semanas, e enquanto o bebê cresce e começa a se virar e a pressionar as paredes do útero, seus movimentos são sentidos com intensidade crescente. A partir daí, a maioria das mães massageia o bebê que ainda não nasceu através das paredes do abdome para aquietá-los quando eles se agitam.

A primeira vez que um pai tem contato físico direto com seu filho geralmente é no momento do nascimento, quando a criança lhe é entregue. Tocar e levar ao colo um ser tão pequenino pode ser assustador, e é importante que o papai e o bebê tenham ampla oportunidade para "fazerem contato".

Os pais obtêm benefícios do tempo que passam com seus bebês, e a massagem pode ajudar a desenvolver suas habilidades de toque e manuseio. A prática dos movimentos a seguir aumentará a confiança entre o pai e o bebê e a segurança do pai quanto à sua capacidade para trocá-lo e dar banho, ajudando mais com as responsabilidades diárias de cuidados. A massagem também ajudará a fortalecer o relacionamento físico e emocional entre os dois. Aprendendo como lidar melhor com seu bebê, o pai será mais capaz de acalmá-lo e confortá-lo quando a mãe precisar descansar um pouco.

Você pode adaptar os movimentos apresentados para qualquer ocasião em que estiver simplesmente sentado com o seu bebê. Por exemplo, você pode massagear suavemente as costas e o pescocinho dele enquanto ele estiver sentado no seu colo.

CONHECENDO UM AO OUTRO
Aconchegar seu bebê junto ao seu corpo sempre que possível, fitando os olhinhos dele, ajuda a fortalecer o relacionamento.

PAI E BEBÊ

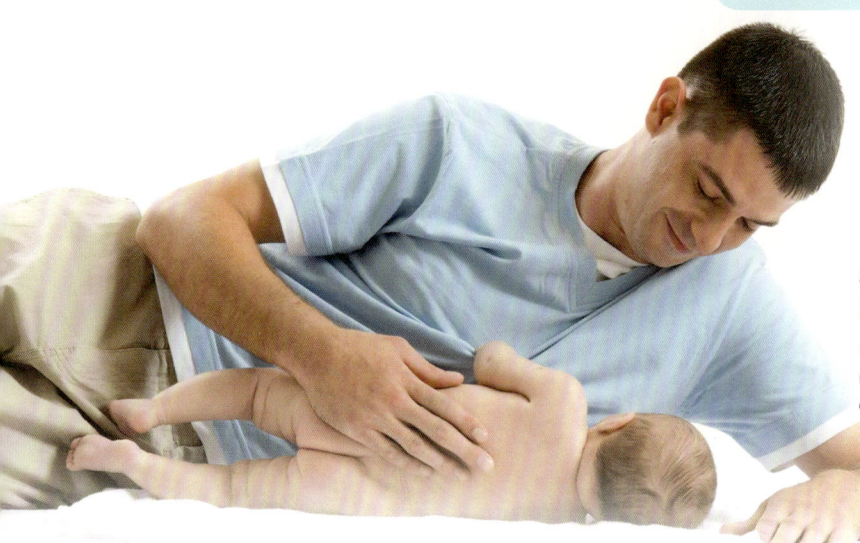

1. Deite-se de lado, de frente para o bebê. Usando o peso relaxado de toda a sua mão direita, comece a deslizar a mão em movimentos circulares pela região lombar superior do bebê.

• **TENTE ESTABELECER CONTATO VISUAL** no começo da massagem e o mantenha sempre que possível ao longo da massagem.

Certifique-se de que você esteja confortável e de que seus ombros estejam relaxados ao longo de toda a massagem.

2. Depois, leve esse movimento suavemente para baixo, até a base da coluna do bebê, a fim de incluir a região lombar inferior.

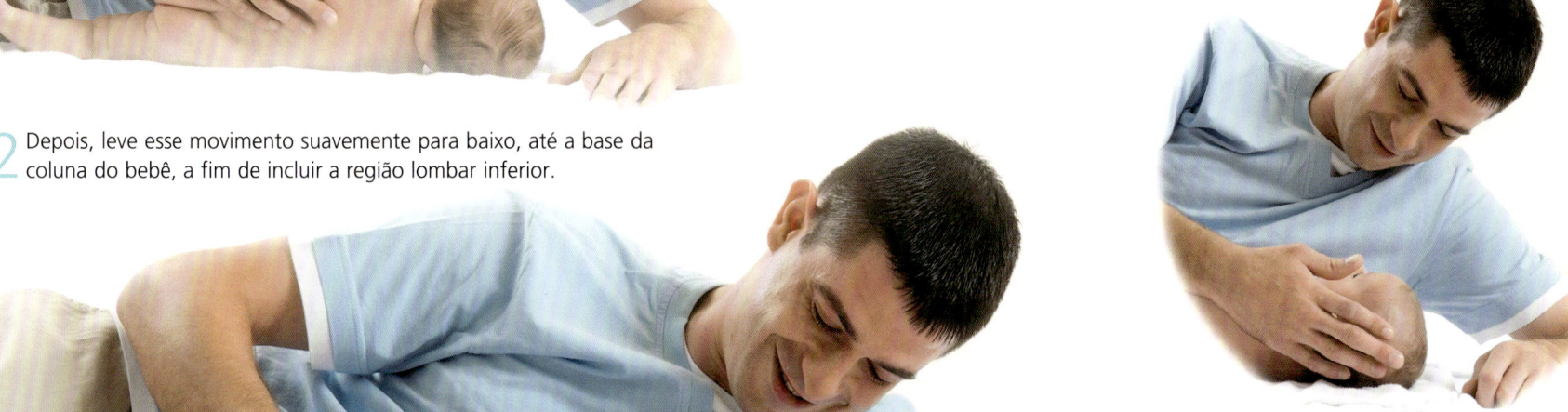

3. Usando a palma da mão, deslize-a suavemente em torno da coroa da cabeça do bebê em um movimento lento e circular.

• **Repita enquanto o bebê estiver relaxado e confortável.**

A hora da barriguinha

O tempo regular que o seu bebê passa deitado de barriga para baixo, quando desperto, garante a saúde estrutural e a boa forma do seu corpinho de um modo que nenhuma outra posição natural permite. Em última análise, passar algum tempo deitado de barriga para baixo enquanto acordado o ajudará na hora de engatinhar. O desenvolvimento de bebês que não ficam nessa posição é mais demorado.

Quando o bebê está deitado de bruços, ele levanta a cabeça para olhar à sua volta – fortalecendo os músculos de apoio em seu pescoço. Ao alcançar esse estágio com conforto, ele levantará a cabeça e os ombros, desenvolvendo força nos braços e ombros e flexibilidade na coluna.

Após essa conquista, ele então levantará ainda mais a cabeça e os ombros. Esse alongamento expande o tórax, permitindo ao bebê respirar em um ritmo mais profundo e maximizando sua capacidade pulmonar. Um ritmo respiratório mais profundo apresenta grandes benefícios para o coração e pulmões, e o aumento do oxigênio também melhorará todos os outros órgãos principais, além do sistema imunológico do bebê. À medida que o tórax se expande, o mesmo ocorre com a cavidade abdominal, auxiliando na digestão.

> Para combater a incidência da síndrome de morte súbita do lactente (SMSL), não o deixe dormir de bruços. Entretanto, períodos nessa posição enquanto está desperto promovem o seu desenvolvimento.

Para completar essa fase gradual do desenvolvimento, seu bebê levantará a cabeça, o tórax, os braços e ombros e, finalmente, também as pernas e pés, em uma exibição ímpar de força e flexibilidade. É importante incentivá-lo a passar algum tempo deitado de bruços quando desperto. Assim, se inicialmente ele parecer desconfortável, use a técnica apresentada a seguir.

A HORA DA BARRIGUINHA

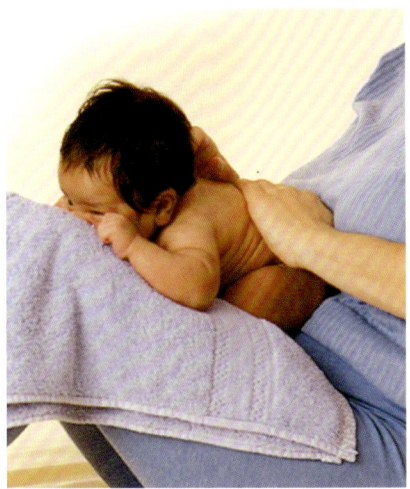

1. Sente-se confortavelmente contra uma parede, com os joelhos flexionados. Deite seu bebê de bruços sobre as suas coxas, com os joelhinhos abertos e os pés juntos. Garanta que os pés dele estejam pressionados juntos.

CONFIRA SE OS PÉS DO BEBÊ NÃO ESTÃO PLANOS CONTRA A SUA BARRIGA; nesta posição, ele poderá pressionar contra você e, no impulso, deslizar sobre os seus joelhos.

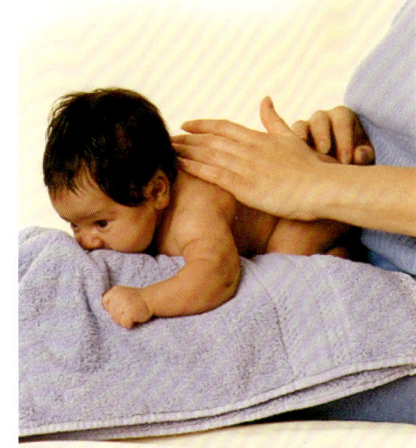

2. Massageie as costas do bebê com as mãos em movimento contínuo uma após a outra e faça com que ele se sinta confortável nessa posição. Depois, baixe seus joelhos gradualmente.

3. Continue abaixando seus joelhos até que o bebê esteja deitado reto sobre as suas coxas. Continue massageando as costas, de cima a baixo.

4. Quando o bebê estiver confortável com isso, você poderá deitá-lo de bruços sobre uma toalha no chão. Apoie o tórax e os ombros do bebê em uma almofada. Logo, você poderá remover a almofada, dando a ele o benefício total de um período deitado de bruços.

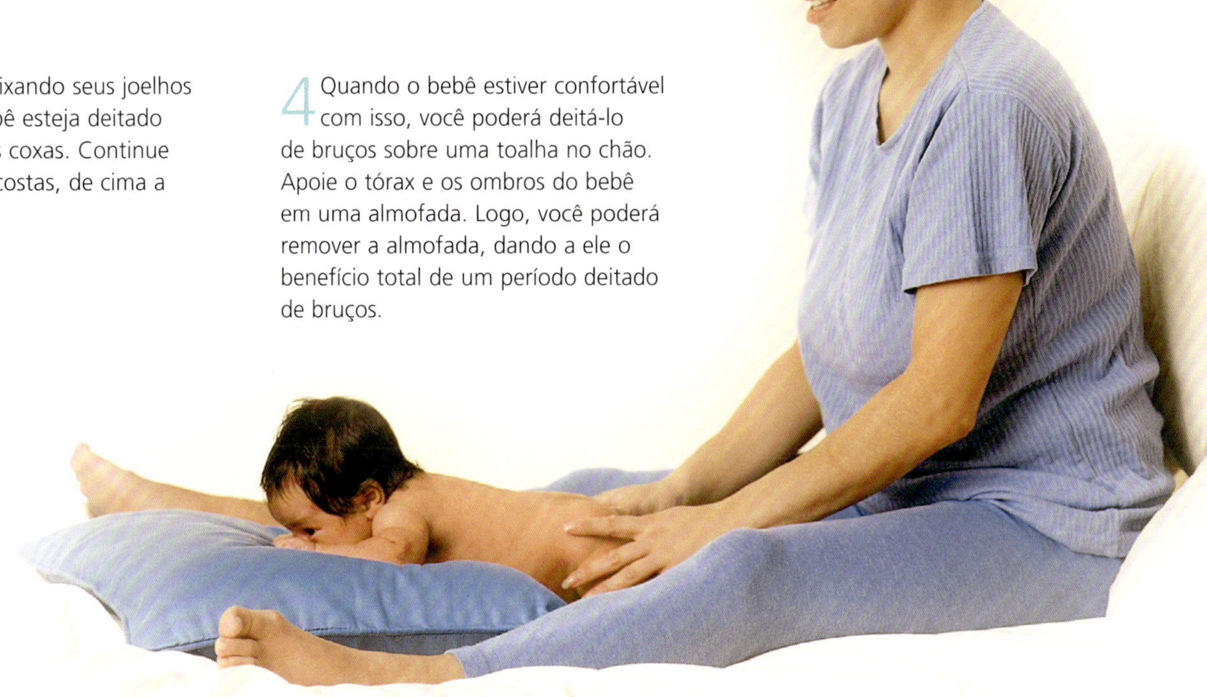

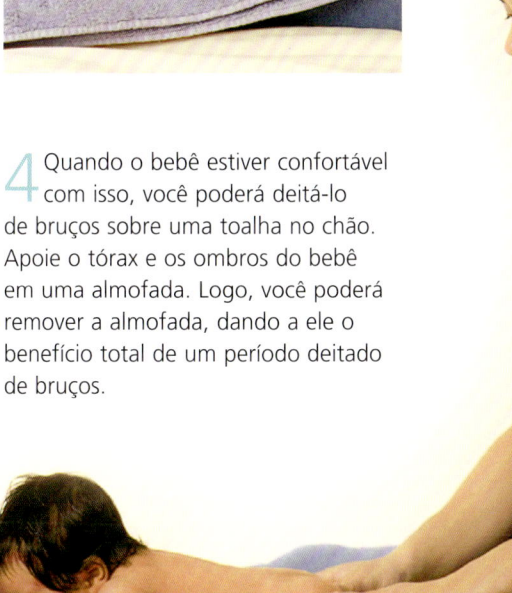

BANHO DE AR

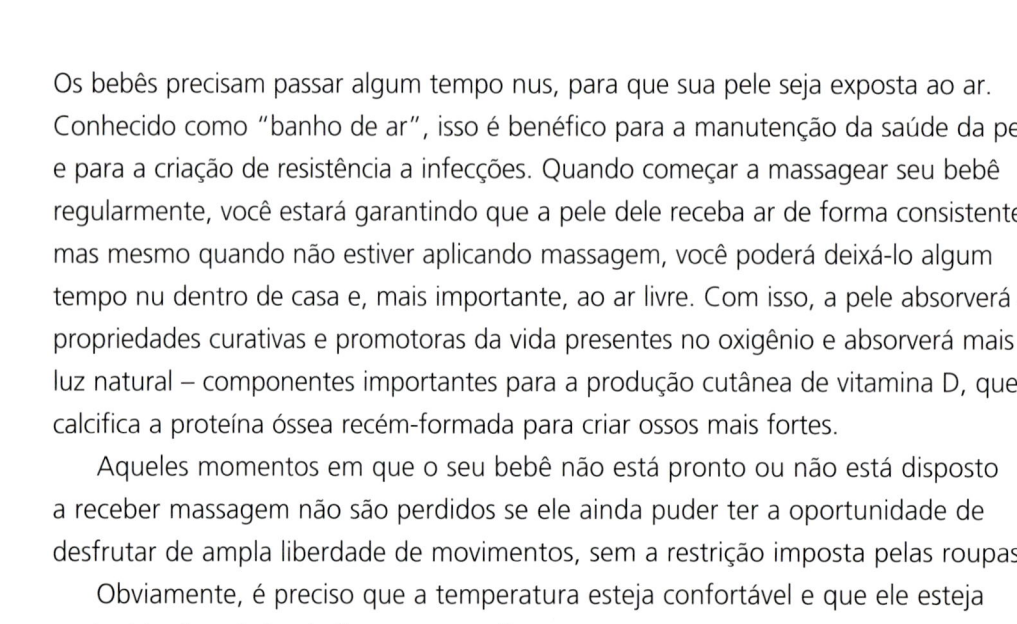

Os bebês precisam passar algum tempo nus, para que sua pele seja exposta ao ar. Conhecido como "banho de ar", isso é benéfico para a manutenção da saúde da pele e para a criação de resistência a infecções. Quando começar a massagear seu bebê regularmente, você estará garantindo que a pele dele receba ar de forma consistente, mas mesmo quando não estiver aplicando massagem, você poderá deixá-lo algum tempo nu dentro de casa e, mais importante, ao ar livre. Com isso, a pele absorverá as propriedades curativas e promotoras da vida presentes no oxigênio e absorverá mais luz natural – componentes importantes para a produção cutânea de vitamina D, que calcifica a proteína óssea recém-formada para criar ossos mais fortes.

Aqueles momentos em que o seu bebê não está pronto ou não está disposto a receber massagem não são perdidos se ele ainda puder ter a oportunidade de desfrutar de ampla liberdade de movimentos, sem a restrição imposta pelas roupas.

Obviamente, é preciso que a temperatura esteja confortável e que ele esteja protegido do sol. Se ele ficar nu ao ar livre, verifique se está suficientemente quente, sem brisas frias, e se ele está afastado da luz solar direta ou refletida. Se estiver dentro de casa, escolha um cômodo aquecido e bem ventilado, para evitar correntes de ar. Tome o cuidado de supervisioná-lo o tempo todo.

TERAPIA DA LUZ
A partir dos dois meses de idade, os bebês adoram ficar nus. Banhar a pele no oxigênio e na luz pode ajudar a prevenir e a curar quaisquer perturbações cutâneas leves, como assaduras.

BANHO DE AR

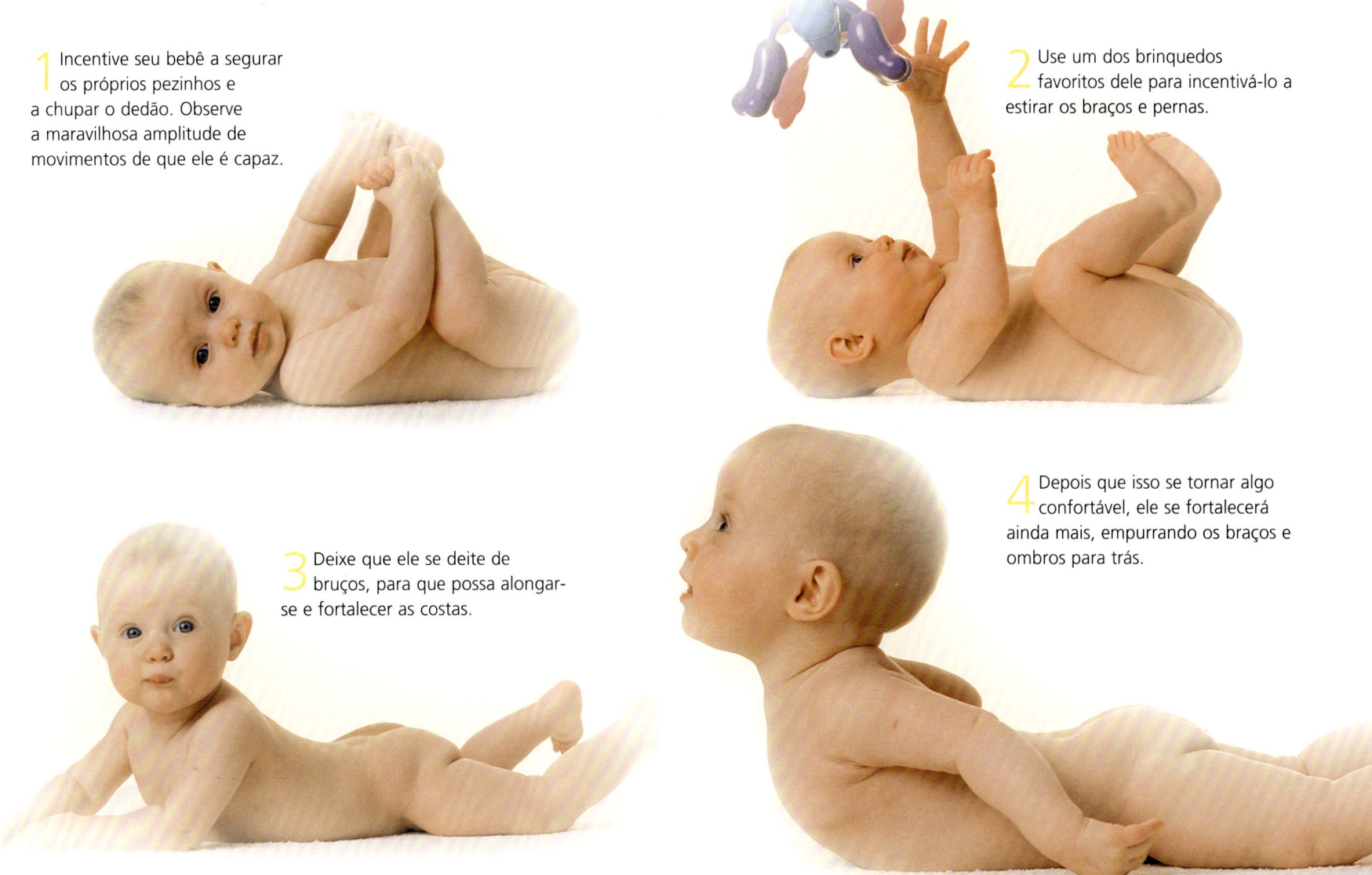

1 Incentive seu bebê a segurar os próprios pezinhos e a chupar o dedão. Observe a maravilhosa amplitude de movimentos de que ele é capaz.

2 Use um dos brinquedos favoritos dele para incentivá-lo a estirar os braços e pernas.

3 Deixe que ele se deite de bruços, para que possa alongar-se e fortalecer as costas.

4 Depois que isso se tornar algo confortável, ele se fortalecerá ainda mais, empurrando os braços e ombros para trás.

2 MASSAGEM DOS PÉS À CABEÇA

A partir dos dois meses de idade, aproximadamente, seu bebê deve estar se sentindo um pouco menos vulnerável. É provável que ele se sinta feliz ao ficar nu e tenha perdido parte da flexão fisiológica que mantinha seus braços e pernas contraídos junto ao corpo na postura semifetal dos recém-nascidos. Nesse estágio, você pode começar a introduzir a rotina de massagem corporal completa a seguir, que ajudará seu bebê a conquistar seu potencial máximo em cada fase do desenvolvimento durante os próximos meses.

A maior parte dos bebês prefere que a massagem comece por seus pés e pernas e suba por seu corpo, pois esta é uma abordagem não invasiva e gradual que lhe dá a chance de se acostumar à rotina. Começar pelos pés do bebê e continuar subindo gentilmente pelo resto do corpo é uma sequência abrangente de técnicas de massagem que pode garantir a plena saúde e aptidão estrutural do seu filhinho. Ela incentiva a flexibilidade de todas as principais articulações, relaxa os músculos e dá ao bebê uma sólida fundação para a boa postura e posterior mobilidade.

A rotina deve ser praticada regularmente – todos os dias, se possível –, dando a você e ao seu bebê um período regular especial de proximidade.

Principais benefícios da massagem de corpo inteiro

- Mantém o equilíbrio e a postura através da utilização correta de força e flexibilidade.

- Melhora a coordenação muscular e a flexibilidade, aliviando a falta de elasticidade dos músculos e articulações.

- Alivia quaisquer áreas escondidas de tensão nos músculos e realinha as articulações.

- Promove a flexibilidade da coluna e a força nos músculos que a apoiam.

- Auxilia na digestão e tranquilidade, permitindo que a barriguinha relaxe mais facilmente.

- Maximiza o volume respiratório, promovendo bem-estar; mais oxigênio e boa circulação ajudam no desenvolvimento do bebê.

- Promove a integridade e alinhamento de todas as principais articulações e bom tônus dos grupos musculares que as controlam.

- Limpa a pele e a expõe à luz e ao oxigênio.

Escolha a hora do dia em que o bebê está mais disposto – quando não está com a barriguinha cheia demais, nem com muita fome ou muito cansado. Acima de tudo, isso é algo que você faz junto com o bebê, não contra a vontade dele; assim, tente entender as indicações que ele lhe der e pontue sua massagem com muitos abraços e beijinhos.

Não é preciso executar a sequência inteira de uma só vez – comece aos poucos –, mas tenha por objetivo chegar a uma sessão completa. As técnicas separadas de massagem visam interligar-se, de modo que todos os principais músculos e articulações sejam incluídos.

TOQUES E TÉCNICAS

Ao massagear seu bebê, você precisa manter as suas mãos abertas e relaxadas e tocar a pele com os dedos e as palmas. Se as suas mãos estiverem tensas e o seu toque hesitante, a tensão pode transferir-se para o bebê. Assim, tente se manter relaxada e confiante, respirando pelo abdome e relaxando suas mãos, braços e ombros.

À medida que o seu bebê se desenvolve e começa a sentir mais prazer com uma rotina formal de massagem, você pode aumentar levemente a pressão para dar um pouco mais de profundidade ao seu toque. Isso transmite a ele uma importante mensagem: a de que ele é flexível. Quanto mais confiante for o seu toque, maior será a confiança transmitida ao bebê. E à medida que ele se desenvolve, você pode precisar aumentar o ritmo dos seus toques para prender a atenção dele e mantê-lo envolvido.

Pontue sua massagem com muitos abraços e beijos, converse e cante com seu bebê, desfrutando esses momentos. Bebês adoram brincar – é assim que aprendem melhor. Tão logo você se tornar mais séria, ele perderá o interesse na massagem e se distrairá.

Mantenha as mãos na pele do bebê por tanto tempo quanto puder e, se você parar para virar uma página deste livro, ou para pegar mais óleo, mantenha uma das mãos pousadas no corpo dele.

POSIÇÃO DA MÃO
O modo como você usa suas mãos é muito importante e fará toda a diferença para a eficácia da massagem.

TOQUES E TÉCNICAS

Os movimentos em si não são difíceis de aprender e você logo os fará de forma intuitiva. Friccione as mãos uma contra a outra e as chacoalhe para aquecê-las e relaxá-las antes de começar. Mantenha as mãos relaxadas a partir dos punhos. Os principais termos para os movimentos são os seguintes:

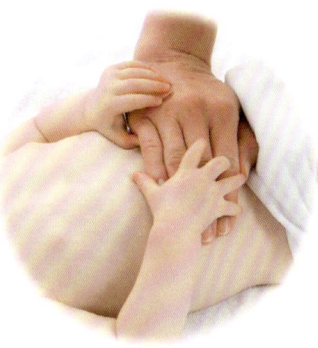

Amassamento
Aperte e libere as partes macias do corpinho do bebê gentilmente, usando a mão toda.

Deslizamento
Mova o peso de toda a mão relaxada pela superfície do corpo do bebê.

Mão sobre mão
Comece um movimento com uma das mãos enquanto cessa o mesmo movimento com a outra mão.

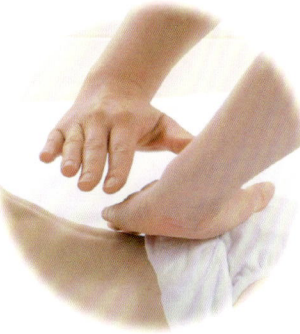

Percussão
Use o peso relaxado das suas mãos em concha para bater ritmadamente na frente ou nas costas do corpo do bebê.

Fricção
Pressione gentilmente e mova o peso relaxado da(s) sua(s) mão(s) para trás e para a frente sobre o corpo ou membro do bebê.

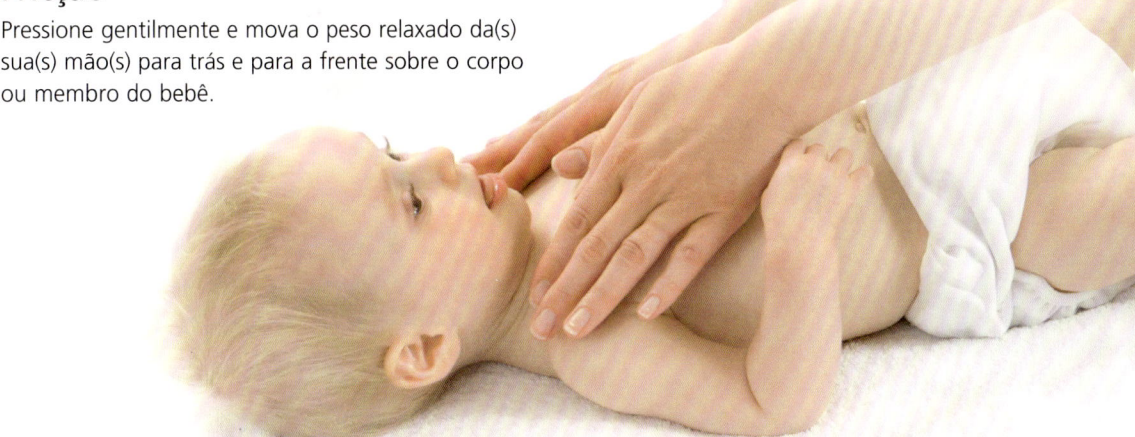

Óleos de massagem

A pele do bebê é fina e sensível, com muito mais terminais nervosos que a de qualquer adulto. A regeneração constante de células saudáveis mantém a pele do bebê lisa e úmida, e uma massagem regular com óleo adequado também limpa os poros e elimina células mortas, dando um brilho saudável. O óleo usado deve possibilitar que as suas mãos deslizem facilmente e lhe permitir dar maior profundidade ao seu toque sem desconforto. Ele não deve ser excessivamente perfumado nem deve parecer grudento ou com consistência de graxa. O óleo deve ter conteúdo puro e, sempre que possível, orgânico.

Óleos básicos

Óleos básicos não têm perfume e são extraídos de frutas oleaginosas, sementes, polpas etc. Muitas vezes, têm propriedades terapêuticas específicas – o azeite de oliva, por exemplo, é um bom umectante –, mas também podem ser usados para diluir os óleos essenciais. Óleos naturais de frutas ou vegetais são prontamente absorvidos através da superfície da pele, de modo que você precisará reaplicar com frequência enquanto pratica a massagem. Os seguintes óleos são baratos e podem ser facilmente encontrados:

- **Óleo de semente de uva** Um óleo fino, conhecido por sua pureza e fácil absorção.
- **Azeite de oliva** Denso e bom para a pele seca.
- **Óleo de semente de girassol** (apenas orgânico) Um óleo fino, inodoro, altamente recomendado. Pode ser usado com bebês prematuros.

Não use óleo de amendoim ou outros derivados de frutas oleaginosas, pois seu bebê pode ser alérgico. Pela mesma razão, óleo de amêndoas doces não é mais recomendado.

Óleos essenciais

Esses óleos são altamente refinados e possuem o aroma e as propriedades curativas da planta, flor ou erva da qual foram extraídos. Contêm elementos químicos naturais que podem ser usados para promover e manter a saúde e o bem-estar. Cada óleo essencial apresenta propriedades terapêuticas únicas. Entretanto, eles são muito potentes, e seu uso não é recomendado em bebês muito jovens. Antes de oito semanas de vida eles não devem ser usados de forma alguma (embora você possa usar um óleo básico recomendado). A partir de oito semanas de idade, os óleos já podem ser eficazes nos bebês, mas devem ser usados apenas se bem diluídos – duas gotas de óleo essencial para três colheres de sopa de óleo básico de massagem. Uma vez que o seu bebê é "sensível a aromas", confira antes se ele não apresenta reação adversa a essa mistura. Muitos episódios inexplicáveis de choro se relacionam a óleos muito perfumados, presentes em loções pós-barba, cosméticos, aromatizantes domésticos e lustra-móveis. O olfato dos bebês é o que os liga às suas mães. Assim, ele é acentuadamente sensível.

Nem todos os óleos essenciais são apropriados para bebês, mas alguns dos mais úteis e eficazes são:

ÓLEOS DE MASSAGEM

- **Ravensara** Atóxico e antisséptico, é bom para infecções virais e cutâneas e para irritações pelo uso de fraldas.
- **Macela** Calmante e tranquilizador, esse óleo auxilia na digestão e alivia a irritabilidade (ver p. 84). Pode ser útil no tratamento de cólicas.
- **Lavanda** Esse óleo antisséptico é bom para acalmar e curar pequenas queimaduras e mordidas. Ele também pode ser usado como descongestionante torácico e nasal (ver p. 78).
- **Eucalipto** Um poderoso descongestionante, pode ser usado para massagem no tórax e nas costas (ver p. 78) para aliviar tosse, resfriados e congestão. Não use se o seu bebê estiver em tratamento homeopático.
- **Olíbano** Profundamente relaxante, com aroma muito agradável, pode ser usado também para massagem torácica (ver p. 38) de modo a aprofundar o ritmo respiratório e aliviar o desconforto. Pode promover o sono.
- **Rosa da Bulgária** Recomendado para pele seca, tem um belo aroma, mas pode ser caro.

Óleos de ervas

Esses óleos são criados pela infusão de ervas frescas ou secas em um óleo vegetal. Os mais benéficos para a mãe e bebê são:

- **Arnica** Pode auxiliar na recuperação de hematomas.
- **Flor de laranjeira** Incentiva o sono.
- **Calêndula** Óleo muito curativo e calmante, é particularmente suave para a pele e pode auxiliar no alívio de irritação por fraldas e servir como umectante para pele seca.

Uso de óleos

Despeje o óleo em um pires, para que não derrame facilmente. Certifique-se de que o pires está ao alcance da mão, para que você possa servir-se dele com facilidade enquanto massageia.

Quando estiver pronta, mergulhe os dedos no óleo e friccione as mãos juntas para espalhar o óleo entre as palmas. Friccionar as palmas também aquece o óleo. Reaplique quando suas mãos parecerem secas; de outro modo, elas "travarão" e não deslizarão na pele do bebê.

Nunca devolva o óleo que sobrar ao frasco, pois ele poderá estar contaminado.

Compra e armazenamento de óleos

Escolha óleos puros e naturais, de preferência orgânicos, e de um fornecedor confiável. Óleos essenciais devem ser embalados em vidro escuro, pois isso filtra a luz ultravioleta do sol.

Escolha um local fresco, escuro e seco para proteger os óleos do calor e de crianças curiosas. Nunca os deixe diretamente sob o sol – como em uma janela –, pois isso acelera a deterioração.

Sobretudo no verão, óleos básicos de massagem são melhor conservados se refrigerados. Você precisará deixá-los voltarem à temperatura ambiente antes do uso; deixe-os por algumas horas fora da geladeira. Alguns óleos básicos formam partículas gordurosas em baixas temperaturas, que precisam ser dissolvidas antes que você use. Um rápida chacoalhada do frasco basta para devolvê-los à sua condição normal.

Sempre faça um "teste da pele" com o óleo que você pretende usar. Friccione um pouco em uma pequena área da pele no alto do braço do seu bebê e aguarde uma hora para ver se ocorre alguma reação alérgica. Esta pode parecer-se com uma erupção cutânea por calor ou manchas avermelhadas, que desapareçam em uma ou duas horas. Se isso ocorrer, tente outro óleo.

Antes de começar

Trate suas sessões de massagem como momentos especiais e crie um ambiente agradável para sua realização. Use um cômodo silencioso, aquecido e sem correntes de ar, no qual você possa permanecer sem interrupções por cerca de uma hora. Se o cômodo não tem tapete ou carpete, estenda uma toalha macia sobre o chão ou um cobertor dobrado para o seu bebê. Ele não se sentirá confortável em uma superfície dura e, se ainda não tiver controle da cabeça, poderá batê-la. Se há tapete ou carpete no cômodo, use uma toalha de algodão macia e espessa; evite lã, porque pode irritar a pele delicada do bebê. Você precisará de uma almofada para se sentar, e talvez uma música suave poderá ajudá-los a relaxar.

AJOELHE-SE E SENTE-SE CONFORTAVELMENTE SOBRE SEUS PÉS, sobre uma almofada, com os joelhos abertos. Relaxe os braços e ombros.

Coloque o pires com óleo, bem como uma toalha e fraldas limpas ao alcance das mãos, pois o bebê pode fazer xixi durante a massagem. Talvez, ainda, ele queira mamar depois da massagem. Do mesmo modo, se ele toma mamadeira, deixe uma preparada por perto.

Relaxe, aproveite o momento e divirtam-se; a massagem deve ser agradável para vocês dois. Tente permanecer calma e concentrada; respirar com o abdome pode ajudar. Procure não se distrair ou se apressar, já que isso pode impedir uma boa resposta do bebê. Se ainda assim isso ocorrer e ele se mostrar indisposto, pare e o amamente ou aconchegue e, então, se você quiser, tente novamente – talvez com ele vestido. Bebês que resistem à massagem frequentemente são os que mais precisam dela, e a maioria acaba gostando dessa rotina.

- Use roupas confortáveis e folgadas.
- Lave as mãos e garanta que elas não estejam frias; remova quaisquer joias que possam arranhar a pele do bebê.
- Aplique óleo quando necessário.
- Mantenha o ritmo dos movimentos e coloque sua mente em suas mãos. Deixe de lado as preocupações e se concentre no que você está fazendo no momento.
- Fale e cante para o seu bebê; tente manter o contato visual.
- Pare sempre que o bebê chorar. Isso é algo que você deve fazer junto com ele, não contra a vontade dele.

ANTES DE COMEÇAR

Quando aplicar a massagem

Escolher a hora certa para aplicar a massagem é fundamental para fazer com que o bebê aprecie ou não a experiência. Um bom momento para aplicá-la é no final do dia, após o banho do bebê, ou durante o dia a qualquer momento em que ele esteja mais relaxado e possa responder melhor. Não o massageie logo após a mamada; se a barriguinha do bebê estiver muito cheia, o processo pode ser desconfortável, sobretudo quando você massageia diretamente a barriga ou o deita de bruços para fazer movimentos nas costas. Tampouco o massageie quando ele estiver com fome; o bebê tende a não tolerar nenhum período de massagem se quiser mamar.

Tente ser disciplinada com os horários para que o bebê aprenda a criar uma expectativa positiva pelo começo das sessões.

Se ele parece não responder bem inicialmente, insista – em geral, três ou quatro sessões bastam para o bebê começar a gostar da massagem. Você não precisa praticar toda a sequência desde o início; pare quando seu filho parece querer parar e construa sua rotina aos poucos em cada sessão.

SENTE-SE NA BEIRA DE UMA ALMOFADA, com as pernas e pés abertos e retos.

Posturas

É importante que você permaneça relaxada e em uma posição confortável enquanto massageia seu bebê. As posições sentadas mostradas aqui podem ser mantidas com razoável facilidade, mas independentemente de como você se sentir, certifique-se de que pode se inclinar para a frente sem colocar tensão nas costas. A qualquer momento que a posição lhe parecer desconfortável, pare a massagem e mude a posição.

Quando não massagear

- Com exceção da massagem criada especificamente para aliviar os sintomas de desconforto (ver Capítulo 5), não massageie seu bebê se ele não estiver bem. Na maioria dos casos, bebês doentes só querem dormir e ser levados ao colo, mas podem responder bem à fricção em suas mãos e/ou pés.
- Nunca massageie o bebê se ele não estiver disposto a isso e é melhor não acordá-lo para a massagem.
- Não massageie seu bebê com óleo se ele tiver uma condição cutânea com exsudação, já que o óleo pode exacerbá-la. Consulte o seu médico para obter conselhos e uma alternativa apropriada.
- Se o seu bebê foi vacinado, aguarde 48 horas para descobrir os efeitos da vacina. Evite o local da injeção, mas se esta deixar um pequeno caroço, você pode massagear para eliminá-lo, amassando-o suavemente entre seu polegar e o indicador quando a região já não estiver mais tão sensível.
- Evite quaisquer áreas do corpo que estejam machucadas, inchadas, inflamadas ou acentuadamente sensíveis. Consulte o seu médico antes de massagear.

Dos pés...

A massagem nos pés é uma das formas mais antigas de massagem e pode ser extremamente relaxante para todo o corpo. Seu bebê vai adorar, e a massagem também ajudará a melhorar a postura e equilíbrio dele enquanto abre os dedinhos, estende os calcanhares e flexiona os pezinhos.

As solas dos pés do bebê são muito sensíveis, e o toque nelas provocará um reflexo – ele encolherá os dedinhos. Em consequência, você deve se concentrar nas partes menos sensíveis, no alto e nas laterais dos pés. Massagear o alto dos dedos e a área externa dos tornozelos incentivará seu bebê a estender os dedos; assim, concentre-se nessas áreas para obter os melhores efeitos.

Quando seu bebê ficar um pouco mais velho e começar a caminhar, deixe-o curtir a liberdade de ficar descalço durante as seis primeiras semanas antes de calçá-lo, a fim de que os pés possam se desenvolver, crescer e assumir o seu formato natural. Para que o bebê possa ficar em pé com confiança e segurança os calcanhares devem estar bem plantados. Por isso, é melhor não incentivá-lo a ficar nas pontas dos pés – quanto mais ele se apoiar nos dedos, mais inseguro se sentirá e mais difícil será manter o equilíbrio. A técnica a seguir ajudará seu bebê a flexionar os pés e os calcanhares em preparação para ficar em pé – isso é particularmente importante se os pezinhos dele tendem a se voltar para dentro.

FÁCIL ACESSO
Você pode massagear os pés do bebê sempre que vocês estiverem juntos e mesmo quando ele estiver de meias (massagear suavemente os pés do bebê quando ele está vestido pode ser menos invasivo e muito relaxante se ele não estiver bem).

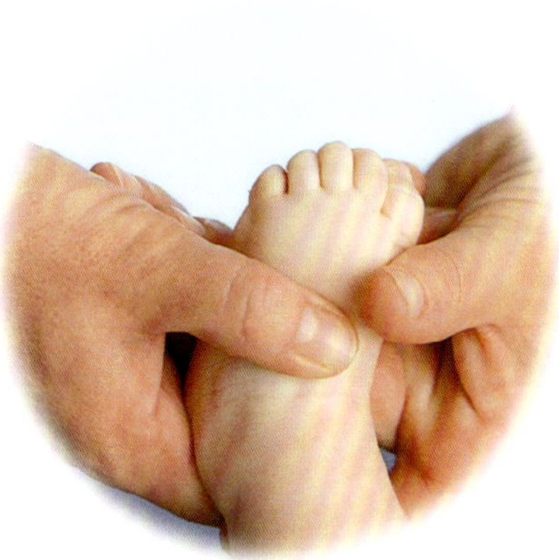

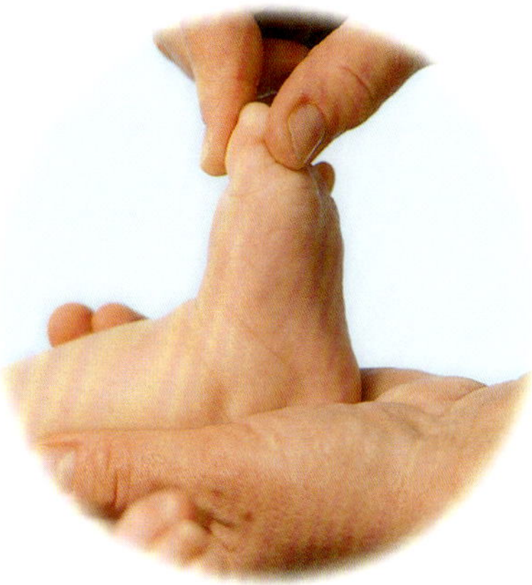

DOS PÉS...

1 Certifique-se de que suas mãos estejam bem lubrificadas. Comece amassando e friccionando o alto do pé do bebê com as suas mãos.

• Continue por 2-3 minutos.

2 Depois, comece a rolar cada dedo entre seu indicador e polegar e separe os dedos com delicadeza para que se abram levemente em leque.

• Continue por cerca de 20 segundos.

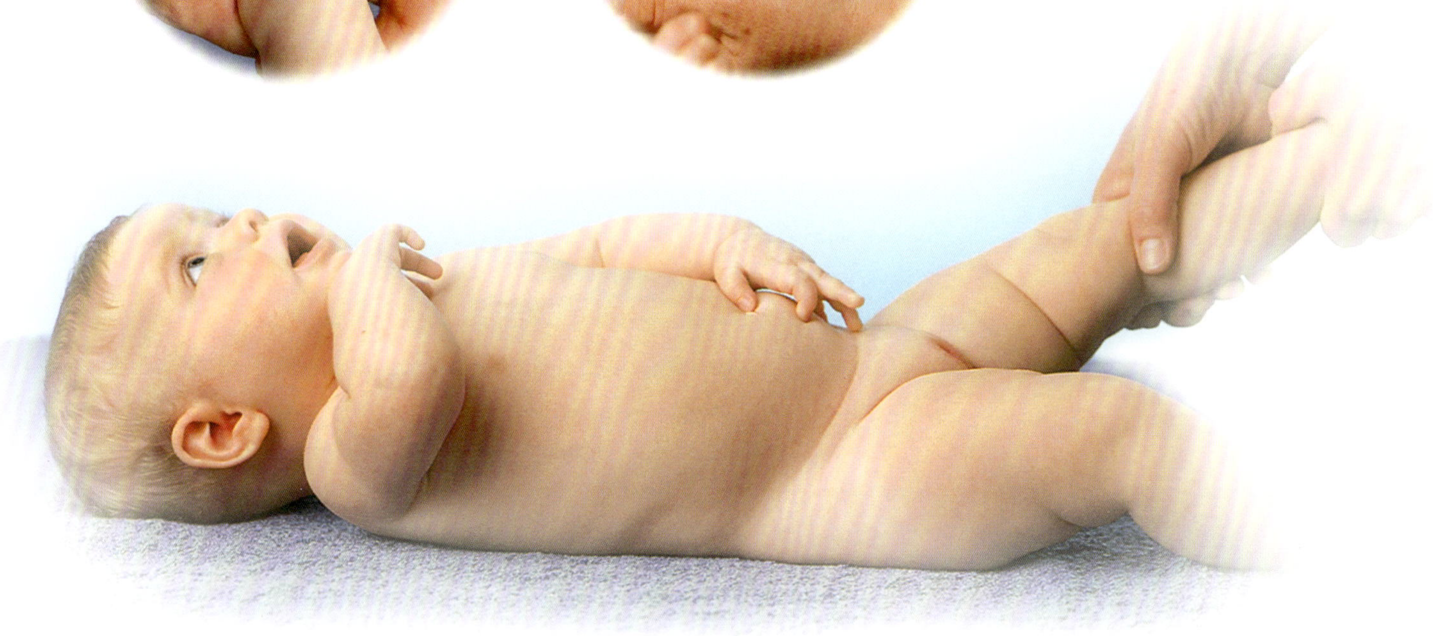

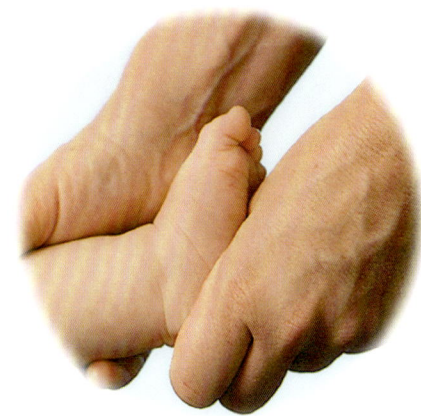

3 Agora, puxe todo o pé com suavidade, mão sobre mão, deslizando as palmas de sua mão. Você provavelmente terá de lubrificar novamente as mãos nesse momento da massagem.

• Continue por cerca de 20 segundos.

4 Flexione o tornozelo do bebê e estenda o calcanhar dele, girando o pezinho para fora com uma das mãos enquanto fricciona a panturrilha com a outra.

• Continue por 20 segundos. Repita com o outro pé.

... às pernas...

A partir dos dois meses, aproximadamente, seu bebê começará a exercitar as pernas de maneira vigorosa, chutando e estendendo-as por horas a fio, em uma exibição maravilhosa de aeróbica. Isso desenvolve a força e a coordenação dos músculos da postura – panturrilhas, coxas e nádegas – e garante e mantém a flexibilidade dos quadris e joelhos. A força e coordenação desses músculos e a flexibilidade dessas articulações darão ao bebê uma base forte para posturas eretas e para uma ampla variedade de movimentos.

Sentar e ficar de pé envolvem equilíbrio, e se tornam mais fáceis quando articulações flexíveis dão ao bebê uma base ampla. Seu bebê desenvolverá a autoconfiança para ficar em pé, com a sensação interna de que as bases do seu corpo – as pernas – são fortes e flexíveis.

Massagear as pernas do bebê ajuda a promover o desenvolvimento da coordenação, fortalece a região lombar inferior e mantém a flexibilidade dos joelhos e tornozelos. Garante também que não existem áreas de tensão ou rigidez escondidas em quaisquer músculos e articulações.

MAIOR FLEXIBILIDADE
Essas técnicas de massagem deixarão as pernas do seu bebê completamente relaxadas e flexíveis.

...ÀS PERNAS...

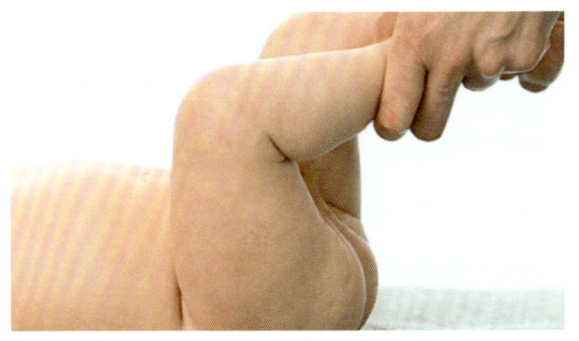 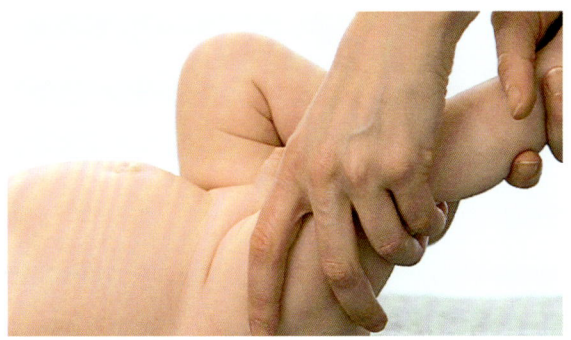 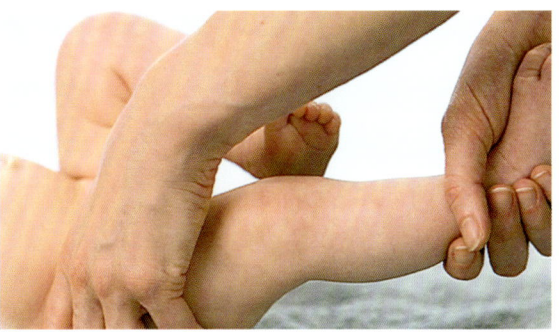

1 Segure as pernas do bebê pelos tornozelos e solte-as um pouquinho, "pedalando" suavemente, flexionando e alongando de maneira alternada.

• Continue por cerca de 20 segundos.

2 A seguir, pouse sua mão esquerda no alto da perna direita do seu bebê e puxe-a através das suas palmas bem lubrificadas a partir da coxa para baixo em um movimento de mão sobre mão, até o pé.

• Repita 4-5 vezes.

3 Segure o tornozelo direito do bebê em sua mão direita e massageie a coxa dele com sua mão esquerda. Massageie subindo pela frente e, depois, descendo pela parte de trás da coxa.

• Repita 4-5 vezes.

4 Agora, puxe toda a perna novamente da coxa para o pé, mão sobre mão.

• Repita a sequência com a perna esquerda.

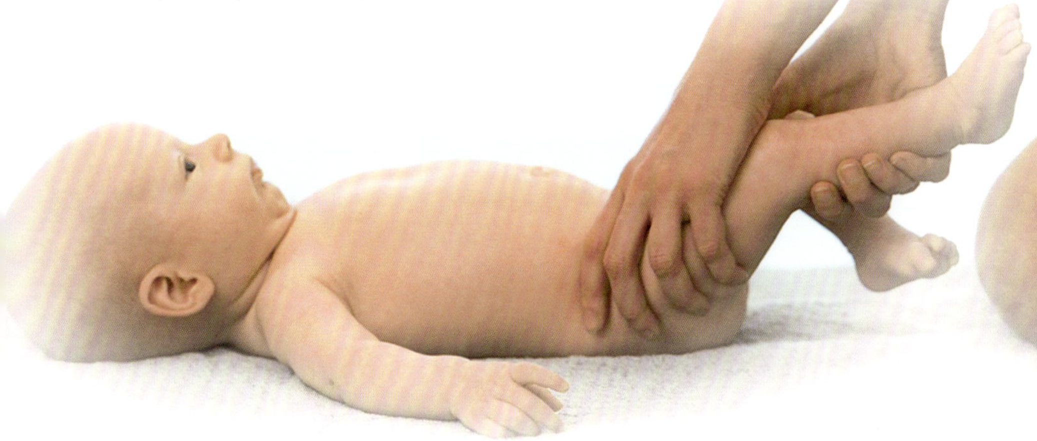

5 Chacoalhe as pernas do bebê e pouse suas mãos na parte interna das coxas dele. Vire suas mãos para fora e puxe para baixo a parte de trás dos joelhos e panturrilhas do bebê – ele endireitará as pernas. Continue deslizando suas mãos subindo pela frente e descendo pela parte de trás das pernas.

• Repita 4-5 vezes.

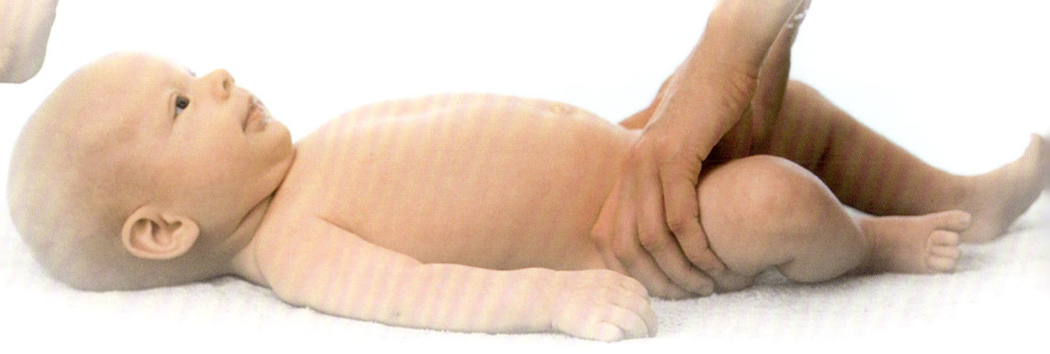

... aos quadris...

A flexibilidade dos quadris do bebê é fundamental para a boa postura, porque a parte superior do corpo dele se dobra para a frente a partir dessas articulações, que também suportam sua coluna e pelve. A mobilidade dos quadris é essencial para a manutenção da integridade da coluna do bebê.

Bebês desfrutam de uma ampla gama de movimentos dos quadris – eles podem segurar o pezinho e chupar o dedão sem nenhum esforço. Alguns, contudo, podem não apresentar essa amplitude de movimentos por várias razões, enquanto outros podem perdê-la muito cedo. Massagear os quadris do bebê, como mostrado neste livro, irá ajudá-lo a manter a flexibilidade nessas articulações e, quando ele ficar em pé, a fortalecer as articulações flexíveis desse ponto do corpo. A prática regular da massagem para o desenvolvimento de bebês garantirá que seu filho continue desfrutando de uma ampla variedade de movimentos e mantenha boa postura, tanto sentado como em pé, à medida em que fica mais forte.

Embora os quadris do bebê tenham sido examinados ao nascer, você pode certificar-se de que eles estão se desenvolvendo com saúde conferindo se não estalam quando ele se move, se ele consegue abrir os joelhos livremente para os lados, se os dois joelhos parecem iguais quando segurados juntos e flexionados e se as duas pequenas pregas na parte inferior da coluna são uniformes quando o bebê se deita de bruços.

PREVENÇÃO DA FALTA DE FLEXIBILIDADE NAS ARTICULAÇÕES
Bebês que tentam ficar em pé antes de poderem sentar-se adequadamente estão mais propensos à falta de flexibilidade dos quadris. Se o seu bebê gosta de ficar de pé, complemente isso com a massagem a seguir, duas a três vezes por semana.

...AOS QUADRIS...

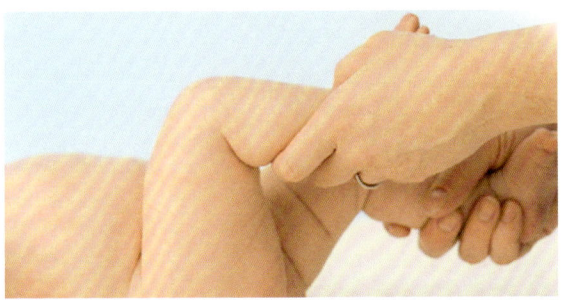

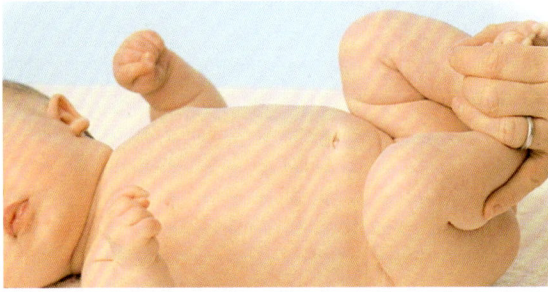

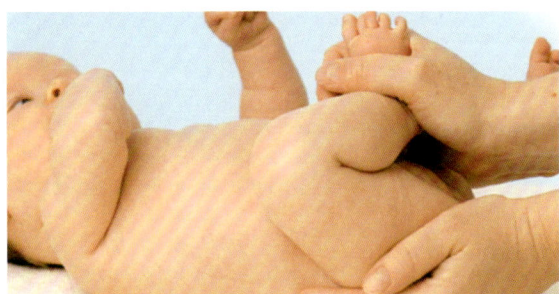

1 Deite o bebê de costas e segure suas pernas pelos tornozelos. Certifique-se de que suas pernas estão relaxadas, "pedalando" com elas algumas vezes – flexionando e alongando ritmicamente, uma após a outra, com delicadeza.

• **Continue por cerca de 20 segundos.**

2 Agora, una a planta dos pezinhos dele e deixe que seus joelhos sejam flexionados para fora.

• **Continue por cerca de 20 segundos.**

3 Usando sua mão direita, deixe que o joelho do bebê se volte para fora e leve o pezinho direito até a barriguinha dele. Mantenha o pé para baixo, sem fazer força, sobre o umbigo. Mantenha sua mão direita nessa posição, enquanto você amassa e fricciona a nádega direita e a parte posterior da coxa com sua mão esquerda. Faça isso por cerca de um minuto e, então, sacuda lenta e suavemente a perna do bebê até endireitá-la.

• **Repita a sequência com a perna esquerda.**

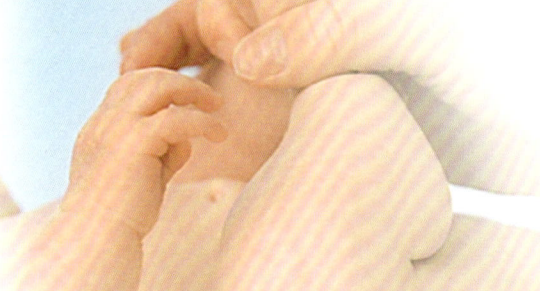

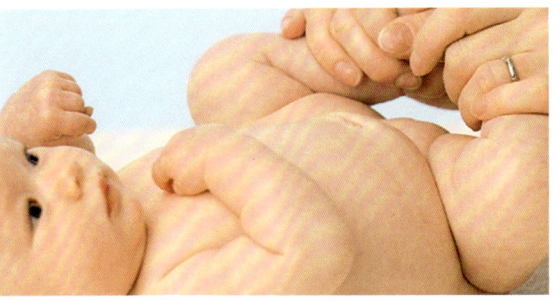

4 Segure as duas pernas do bebê pelos tornozelos e realize algumas pedaladas. Deixe que os dois joelhos se voltem para fora e junte as solas dos pés dele. Empurre os pés para baixo, na direção da barriguinha. Mantenha os pés no lugar com sua mão esquerda, coloque sua mão direita sobre a região lombar inferior e massageie em torno da base da coluna.

• **Continue por cerca de 20 segundos.**

5 Sacuda suavemente as perninhas do bebê – flexionando-as e as alongando – e termine com movimentos na frente das pernas dele, dos quadris aos pés, usando o peso das suas mãos relaxadas.

• **Repita de 4-5 vezes.**

Tenha o cuidado de realizar as etapas na ordem apresentada. Nunca force nenhum movimento, e se o bebê parece achar alguma das posições desconfortável, consulte um médico.

... à barriguinha...

Cada sensação emocional é espelhada por uma alteração em nossos músculos, e em nenhum lugar isso é mais aparente que na barriga – o centro emocional do corpo. Todas as nossas emoções são sentidas em nossas barrigas, e ela se contrai em resposta ao medo, ansiedade e outras emoções extremas. Pouse sua mão na barriguinha do seu bebê quando ele estiver relaxado e feliz e ela parecerá macia e maleável; faça o mesmo quando ele estiver chateado e ela se mostrará dura e contraída.

A barriga também é o centro da tranquilidade, e massagear a barriguinha do seu bebê como mostrado neste livro o ajudará a relaxar e se acalmar. A massagem também pode aliviar estresse, ansiedade e trauma do parto. Uma barriguinha relaxada facilita a digestão, já que permite que o diafragma, na base dos pulmões, desça, aumentando o volume de oxigênio e criando uma onda interna suave, que alivia os órgãos digestivos com cada respiração. Massagear a barriguinha do seu filho dessa forma também ajuda a aliviar a cólica e a constipação.

Não tente massagear a barriguinha dele se ele estiver indisposto; em vez disso, tente o Tigre na Árvore (ver p. 88) – uma técnica muito especial para bebês que estão chorando.

TRATAMENTO DAS CÓCEGAS
Se o seu bebê ainda resiste a esse tipo de massagem, dê tapinhas carinhosos na barriga dele, faça cócegas e a descontraia antes de começar. Em seguida, apenas pouse sua mão sobre ela, brevemente. Depois que o bebê aceitar isso você poderá fazer a massagem completa.

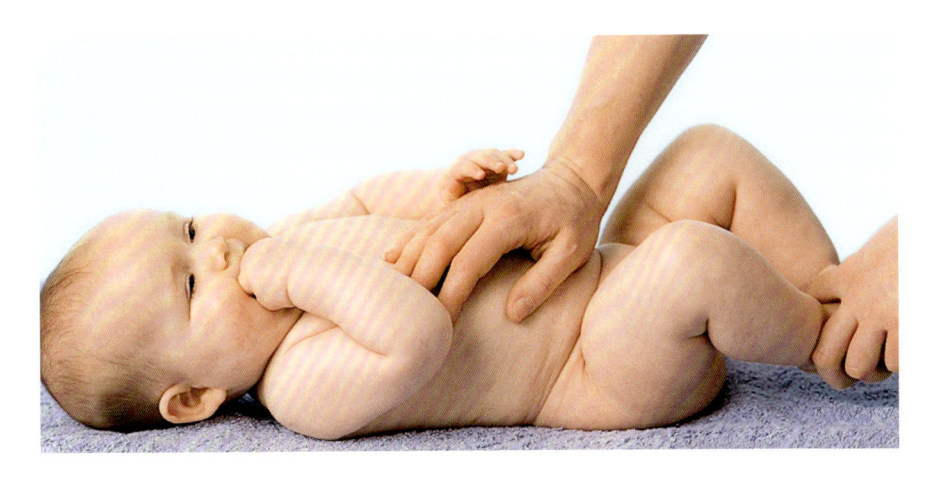

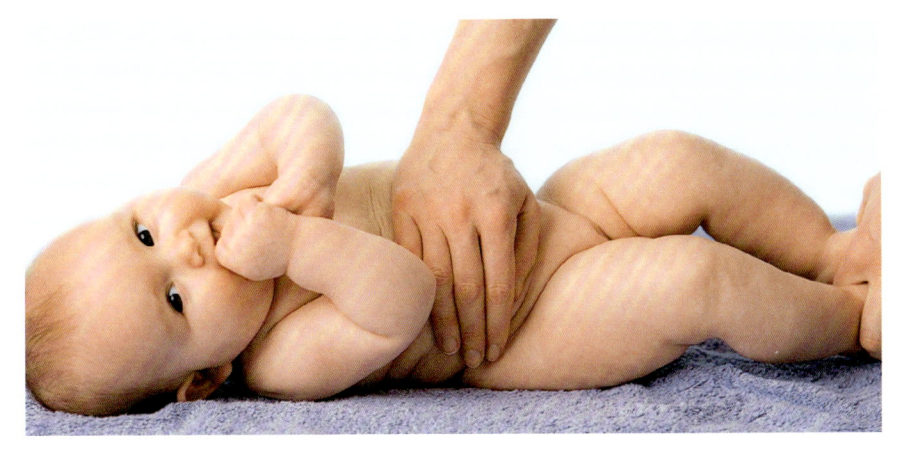

... À BARRIGUINHA...

1 Usando apenas o peso da sua mão relaxada, massageie da esquerda para a direita, em um movimento circular. Não "acaricie" a pele, mas mova sua mão e a barriga do bebê juntos, amassando a barriguinha de forma suave e harmoniosa no sentido horário.

• **Repita 4-5 vezes.**

2 Coloque sua mão em concha horizontalmente na barriga do bebê e, usando a mão relaxada nessa posição, amasse suavemente a barriguinha dele de lado a lado, entre as costelas inferiores e os quadris. Nunca empurre ou aperte muito a barriga, já que isso pode causar extremo desconforto.

• **Continue por cerca de 20 segundos.**

3 Massageie com mão sobre mão, do ponto entre os quadris e as costelas inferiores no lado esquerdo do corpo do bebê, para baixo até pouco abaixo do umbigo.

• **Repita várias vezes em cada lado.**

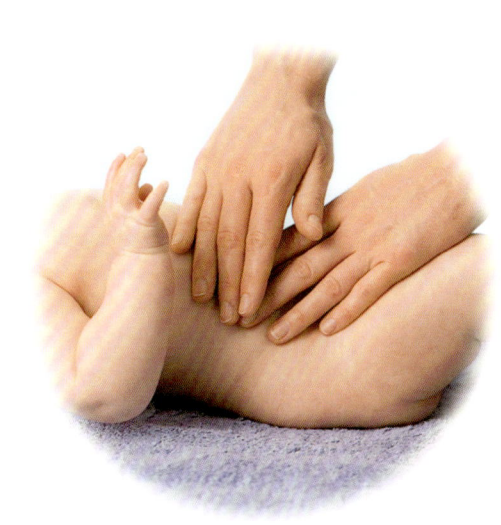

4 Ao relaxar a barriguinha, o bebê poderá liberar gás preso e talvez urinar. Se o intestino estiver solto, ele poderá defecar. Assim, mantenha uma fralda por perto e não demonstre espanto, já que o bebê poderá assustar-se.

• **Continue por cerca de 20 segundos.**

Massagem dos pés à cabeça

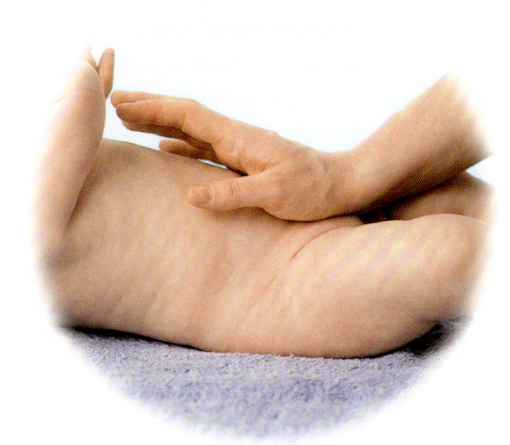

... ao tórax...

O oxigênio é a substância da vida, e quanto mais profundamente nós respiramos, melhor nos sentimos. Quando adultos, se recebemos um choque físico ou emocional, por instinto inspiramos rápida e profundamente, num "sopro" de susto, e quando estamos estressados (com respiração rápida e superficial), tentamos controlar a respiração para nos acalmarmos. Isso nos ajuda a manter a sensação de relaxamento e bem-estar enquanto as células do nosso corpo recebem oxigênio revitalizante em abundância.

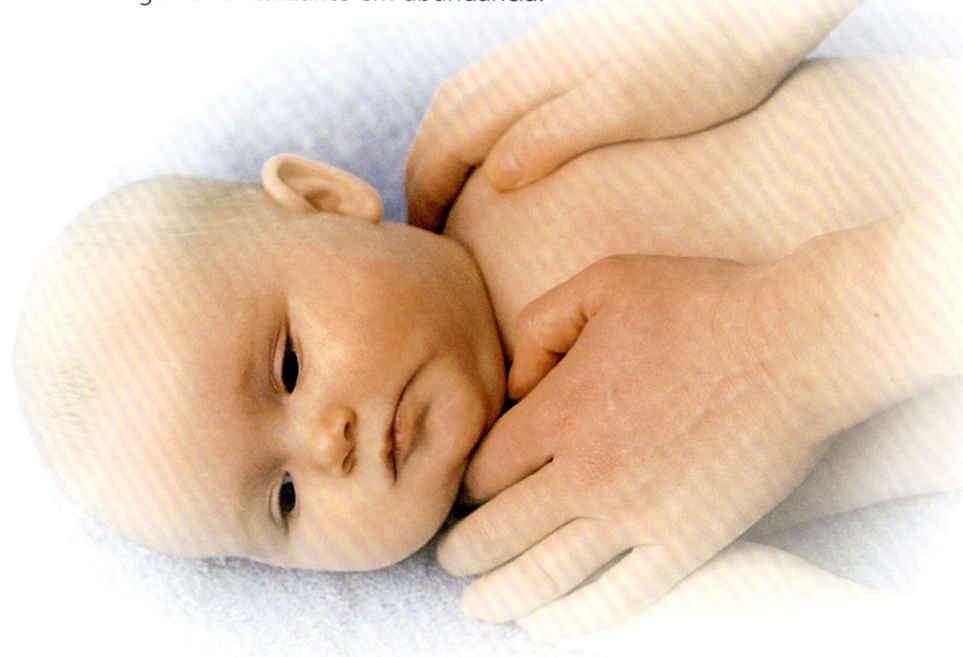

O ritmo de respiração abdominal do bebê é intuitivamente saudável – as costelas inferiores e a barriga se expandem na inspiração, enquanto os pulmões se enchem de ar, e se contraem em harmonia quando os pulmões se esvaziam. Seu pequeno bebê começará a respirar mais profundamente enquanto estende os membros, abre o tórax, braços e ombros e começa a fortalecer e a endireitar suas costas em preparação para posturas eretas e mobilidade. Você pode incentivá-lo a manter seu ritmo respiratório saudável e a colher os benefícios da respiração abdominal. Um tórax aberto e um ritmo respiratório relaxado não apenas mantém o crescimento e desenvolvimento do bebê, mas também o ajudam a resistir e a se recuperar de doenças e infecções. A massagem para o desenvolvimento incentivará seu bebê a manter seu ritmo respiratório saudável e a desfrutar os benefícios da respiração abdominal.

Além disso, a tensão muscular no peito e na barriga pode ocorrer pelo choro reprimido ou prolongado. Ao mobilizar o tórax e as costelas do bebê pela massagem, você permite que ele respire mais profundamente e com maior eficiência, obtendo mais oxigênio com menos esforço.

RESPIRAÇÃO MELHORADA
Massagens regulares no tórax ajudam a abrir o peito e os ombros do bebê.

...AO TÓRAX...

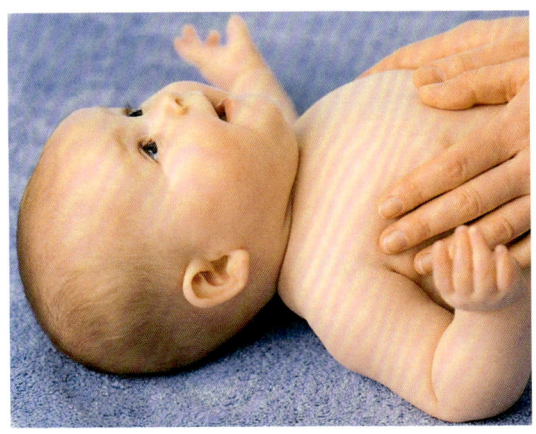

1 Sente-se confortavelmente, com o bebê deitado no chão em frente a você e pouse suas mãos lubrificadas e relaxadas no centro do tórax dele.

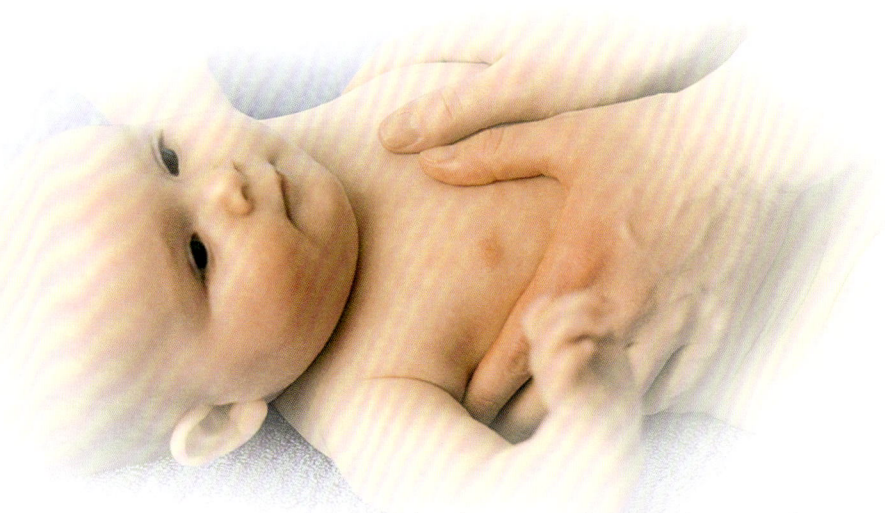

2 Agora, com as mãos abertas e relaxadas, massageie para baixo e para fora em torno da caixa torácica e leve suas mãos de volta ao centro.

• Repita 4-5 vezes.

3 Coloque suas mãos no centro do peito do bebê e massageie para cima e para fora sobre os ombros, levando suas mãos ao centro novamente.

• Repita 4-5 vezes.

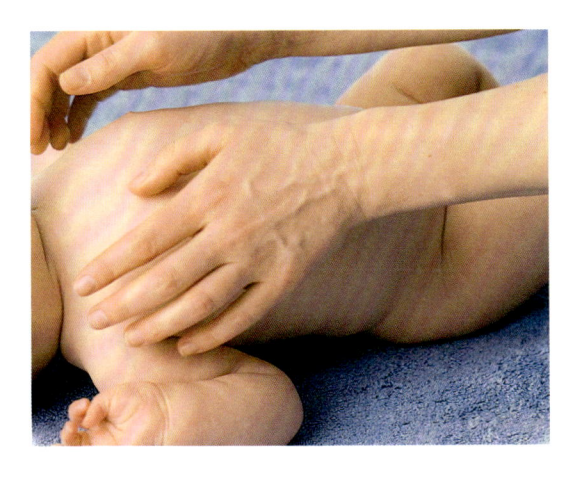

4 Com as mãos em concha, dê tapinhas leves entre o alto e em torno das laterais do tórax do bebê, em um movimento de percussão.

• Continue por cerca de 20 segundos.

... aos ombros e braços...

Um recém-nascido mantém seus braços flexionados e colados ao peito ou às laterais do corpo. Ele não os abre facilmente, e pode levar algum tempo até que se disponha ou seja capaz de fazer isso. Em resposta a um som súbito, ele abrirá os braços involuntariamente e os retrairá mais uma vez, como faria em um abraço. Isso é o "reflexo de susto", que desaparece de forma gradual entre dois e três meses, à medida que o controle dos movimentos se estabelece.

Abrir voluntariamente os braços envolve certo grau de força e coordenação, e a conquista dessa capacidade em geral leva de dois a três meses. Durante o curso normal do desenvolvimento, seu bebê começa a abrir os braços para baixo, depois para fora e, finalmente, para cima. O movimento para fora abre e relaxa os ombros e tórax ao mesmo tempo que fecha e fortalece a região lombar superior de lado a lado. Estendê-los para cima – levantar braços e mãos acima da cabeça – abre o tórax, fechando e fortalecendo a região lombar superior de alto a baixo.

Massagear os ombros e braços do bebê na ordem do seu desenvolvimento natural garantirá plena flexibilidade dos ombros e flexibilidade nos músculos dos braços.

DESCONTRAINDO AS MÃOS DO BEBÊ
Não se esqueça de brincar enquanto faz a massagem – segure as mãos do seu bebê e sacuda levemente os braços dele para soltá-los enquanto beija e sopra o seu peito.

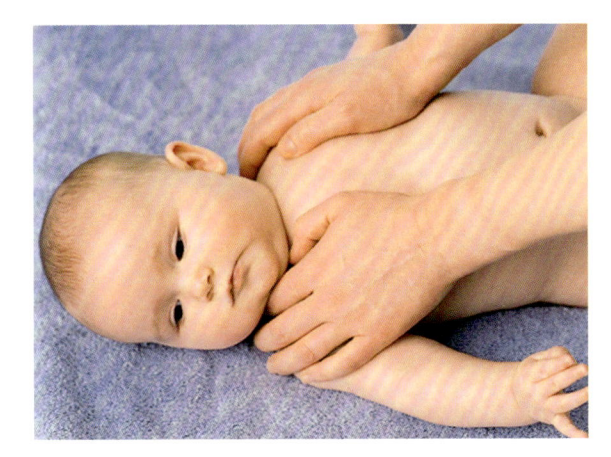

... AOS OMBROS E BRAÇOS ...

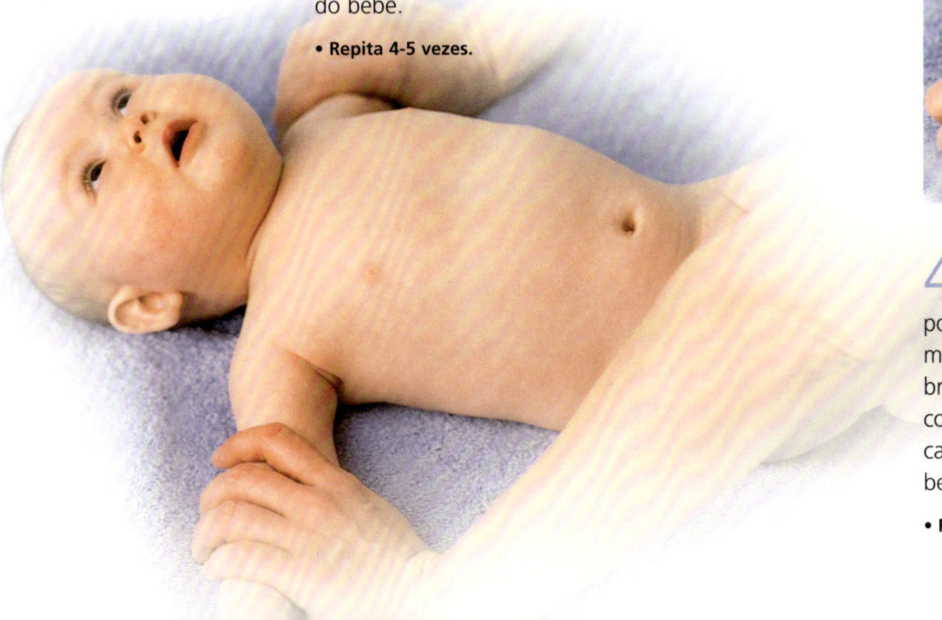

Você pode incentivar seu bebê a abrir os braços para fora batendo rapidamente as mãozinhas dele uma contra a outra, o que o relaxará antes de você abrir seus bracinhos.

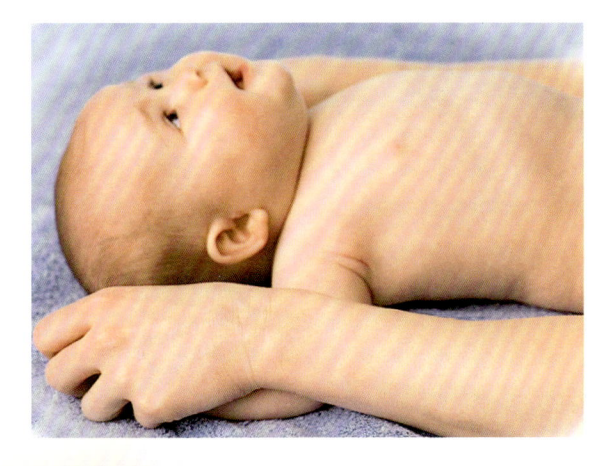

1 Deite o bebê de frente para você e, com as mãos bem lubrificadas, trabalhe a partir do alto do tórax, movendo as mãos para cima e para fora sobre os ombros dele e de volta ao centro.

• **Continue por aproximadamente 20 segundos.**

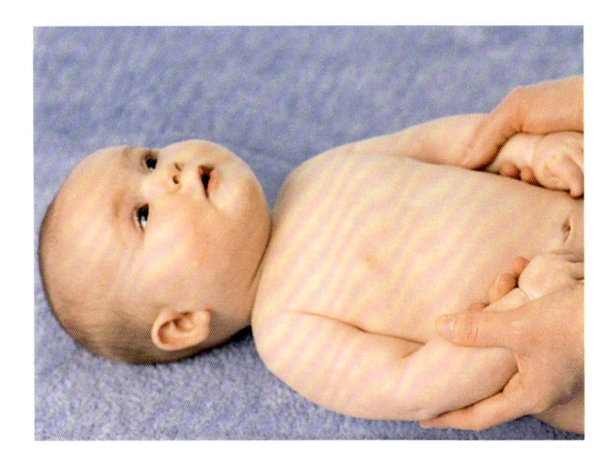

2 Movimente suas mãos para cima e para fora sobre os ombros do bebê e puxe seus braços delicadamente para baixo – em linha com o corpo dele – com o centro das palmas de suas mãos. Mantendo o contato, deslize suas mãos de volta ao alto do tórax do bebê.

• **Repita 4-5 vezes.**

3 Trabalhando a partir do alto do tórax do bebê, mova suas mãos para fora sobre os ombros do bebê e puxe delicadamente seus braços para fora, em linha com os ombros dele. Deslize suas mãos de volta ao alto do peito dele.

• **Repita de 4-5 vezes, beijando e soprando o peitinho do bebê.**

4 Apenas quando ele estiver completamente confortável com as três primeiras etapas você poderá continuar com os movimentos. Posicione suas mãos em torno das laterais do tórax do bebê, sob os braços dele, e puxe suavemente seus braços para cima com suas palmas, de modo que estejam acima da cabeça do bebê. Mantenha suas mãos sobre a pele do bebê e as deslize levemente para trás, para o seu peito.

• **Repita 4-5 vezes.**

... às mãos...

Como instrumentos do tato, as mãos são nossos mais incríveis órgãos de percepção. Quando falamos do nosso senso de tato, nós o associamos quase que exclusivamente com nossas mãos. Muito da qualidade de nossas vidas cotidianas depende do uso habilidoso das mãos e seus variados usos – para pegar, criar, acariciar e comunicar.

Um bebê mais novinho não tem força e coordenação para usar as mãos com eficácia. Entretanto, se você colocar o dedo na mão de um recém-nascido, seus dedinhos se fecharão apertados em torno dele – um movimento involuntário conhecido como "reflexo de preensão". Esse reflexo desaparecerá entre dois e três meses de idade, conforme as mãos relaxam e se abrem, adquirindo a capacidade para segurar os objetos colocados nelas.

Levará algum tempo para que o seu bebê possa julgar distâncias com precisão suficiente para estender as mãos para pegar brinquedos e retê-los – isso geralmente inicia por volta dos cinco meses de idade. Em torno dos seis meses, seu bebê poderá segurar a mamadeira enquanto você o amamenta, depois começará a transferir objetos de uma mão para outra e, aos sete meses, poderá segurar e comer sozinho um biscoito. Ainda serão necessários dois meses, aproximadamente, para que ele possa pegar pequenos objetos entre o polegar e o indicador e mais dois ou três meses para poder colocar um objeto na mão e soltá-lo.

Massagear as mãos do bebê não apenas é divertido, mas pode inspirar a coordenação e ajudá-lo a relaxar as mãos e abrir os dedos.

ESTENDER A MÃO E AGARRAR
O desejo de segurar objetos – manifestado quando o bebê olha fixamente para as próprias mãos – se torna aparente muito antes de ele conseguir estender o braço e segurá-los.

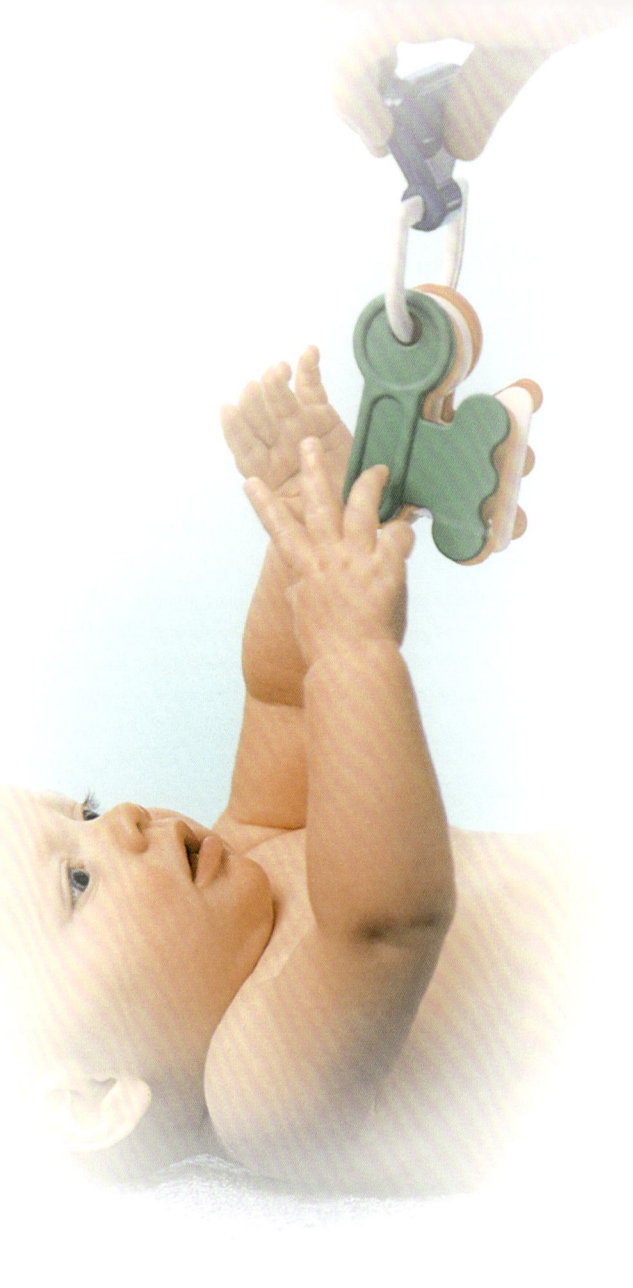

...ÀS MÃOS...

1 Comece abrindo a mão do bebê e friccionando-a entre as suas mãos.

• Continue por aproximadamente 20 segundos.

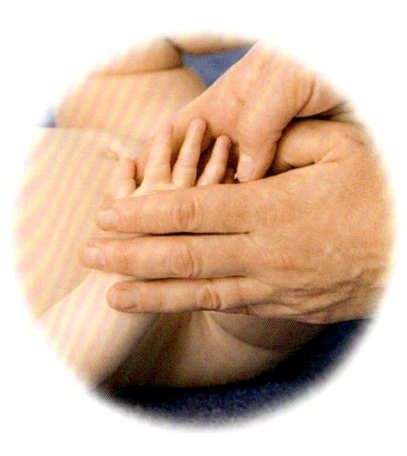

2 Agora, relaxe ainda mais a mãozinha dele, massageando a palma e o dorso com seus polegares e indicadores. Trabalhe do punho aos dedos, apertando levemente para trás e para a frente.

• Repita 3-4 vezes.

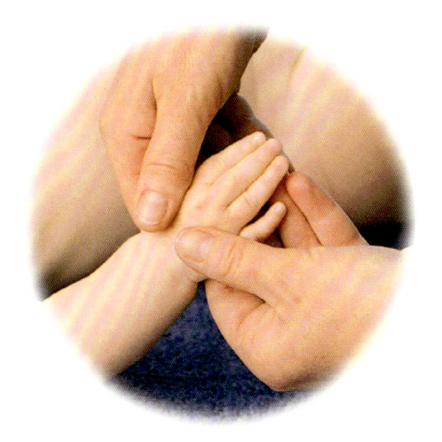

3 Abra os dedos e o polegar do bebê e puxe delicadamente um por um entre seu polegar e indicador.

• Continue por aproximadamente 20 segundos.

4 Agora, friccione toda a mão novamente – na frente e atrás – entre as suas palmas.

• Repita toda a sequência com a outra mão do bebê.

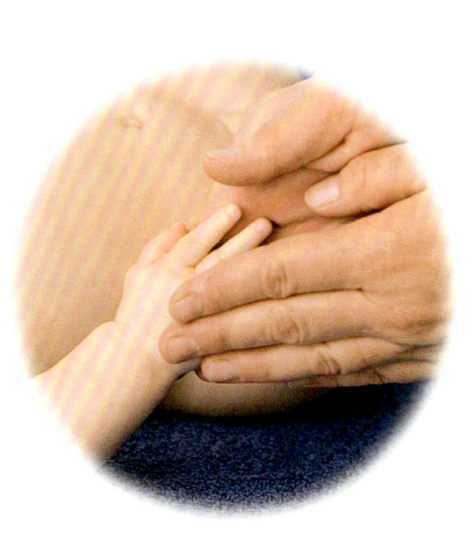

Se você usar óleo para essa massagem, certifique-se de que seja comestível, orgânico e sem perfume, como óleo de girassol ou de semente de uva, e enxugue as mãos do bebê ao terminar; bebês estão sempre com os dedos na boca.

... às costas e coluna...

A coluna tem importância fundamental para a estrutura esquelética do corpo – ela apoia a cabeça, os órgãos vitais são suspensos a partir dela e os membros partem dela. A coluna também abriga o sistema nervoso do corpo e é a origem de todos os movimentos. A integridade da coluna do seu bebê, portanto, exerce um importante papel na saúde e boa forma, tanto na infância como na idade adulta.

Seu bebê começa a preparar o corpo para posturas eretas nas primeiras semanas de vida, mas os músculos das costas realmente começam a se fortalecer quando ele se deita de bruços e eleva a cabeça. Nesse estágio, seu bebê começa a "firmar-se" sobre a barriga e, passo a passo, levanta a cabecinha, o peito, ombros e pernas, chegando finalmente à postura vital para o desenvolvimento conhecida como "natação".

Massagear o bebê durante a fase natural da natação garante que as costas e coluna serão fortes e flexíveis, e que ele desenvolverá excelente postura e um corpo bem equilibrado. A massagem também alongará a frente do corpo dele, para manter uma barriguinha relaxada e o ritmo de respiração abdominal natural.

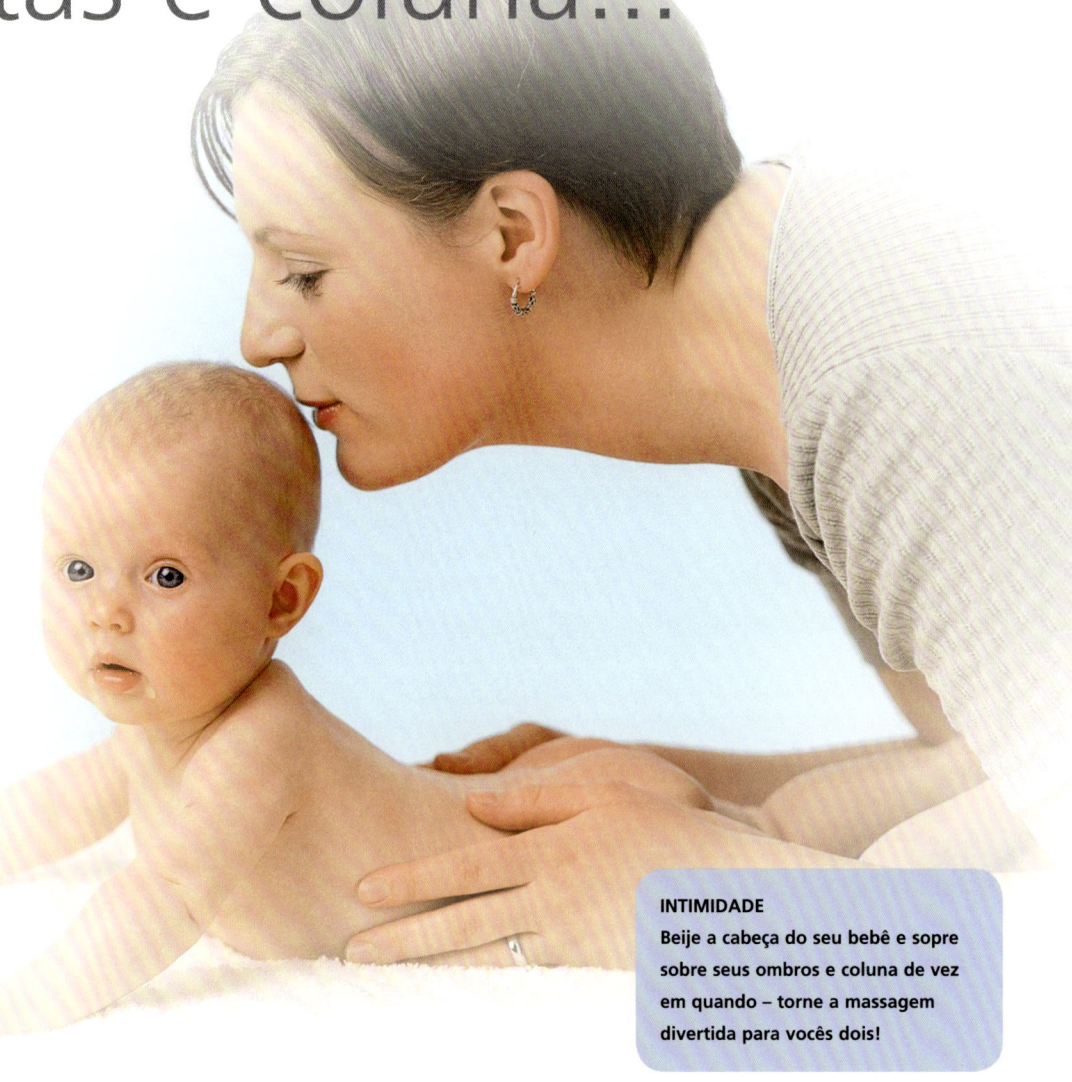

INTIMIDADE
Beije a cabeça do seu bebê e sopre sobre seus ombros e coluna de vez em quando – torne a massagem divertida para vocês dois!

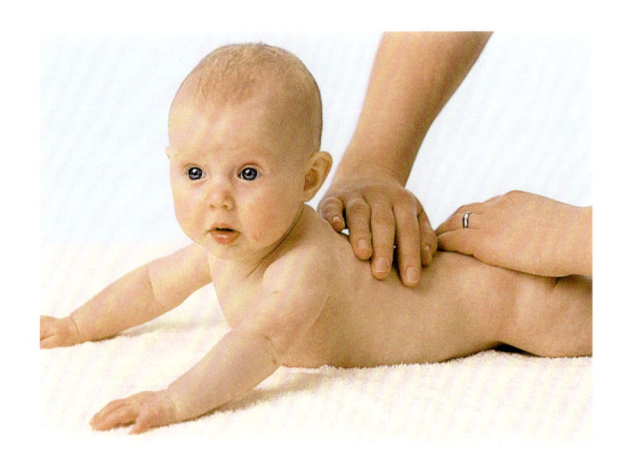

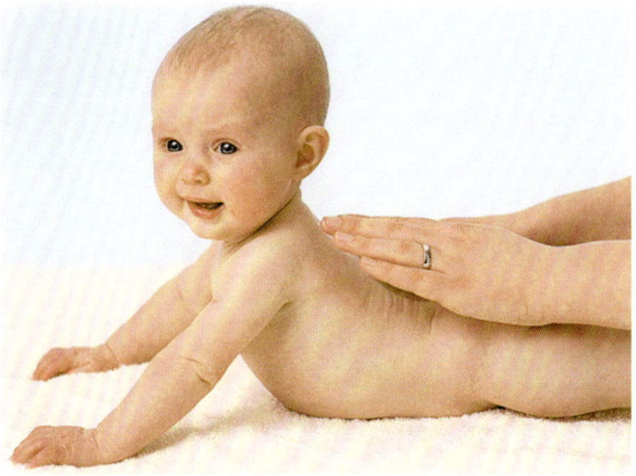

...ÀS COSTAS E COLUNA...

Faça isso apenas quando o seu bebê puder elevar a cabeça, tórax e ombros do chão em uma posição com a barriguinha elevada com os dois braços retos. Não tente erguer o bebê; em vez disso, leve as mãos dele até os quadris. Seu bebê deverá elevar-se por conta própria quando estiver pronto.

1 Lubrifique bem as mãos e as friccione. Enquanto o seu bebê está deitado de bruços, massageie com mão sobre mão as costas dele – parta dos ombros e desça pela coluna. Use movimentos longos e firmes, mas mantenha as mãos relaxadas e torne a massagem divertida para o bebê, talvez fazendo cócegas de vez em quando.

- **Repita 4-5 vezes.**

2 Com as mãos levemente em concha, dê tapinhas firmes nas costas e ombros do bebê, subindo e descendo pela coluna. Todos adoram tapinhas nas costas, e o seu bebê não é exceção.

- **Continue por aproximadamente 20 segundos.**

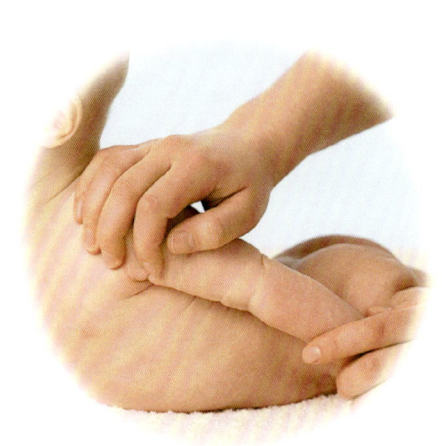

3 Quando o bebê puder suportar seu peso sobre os braços retos, você poderá desenvolver a massagem. Pouse uma mão bem lubrificada no centro do tórax do bebê e a arraste entre a frente do ombro esquerdo e pelo bracinho algumas vezes. Certifique-se de manter o braço do bebê ao longo da lateral do seu corpinho e de levar sua mãozinha até a altura dos quadris, sem levantá-la.

- **Repita com o braço direito.**

4 Pouse as duas mãos no tórax do bebê e puxe com delicadeza os ombros dele para trás, para expandir seu tórax. Continue esse movimento até o fim para puxar os braços dele para trás, em linha com o corpo, pelo centro das suas palmas, e solte devagar. Seu bebê permanecerá nessa posição por vontade própria antes de levar os braços para a frente outra vez.

- **Repita 3-4 vezes.**

... até a cabeça e o pescoço

A coroa da cabeça do bebê encaixa-se perfeitamente na palma da sua mão, e uma vez que você precisa apoiá-la ao segurar o bebê, essa é a parte do corpo mais importante para receber massagem. A massagem na cabeça e pescoço é calmante e muito relaxante, e pode ser feita praticamente em qualquer lugar e a qualquer momento. Ela é imensamente eficaz – com efeito calmante imediato – e completamente não invasiva. Não é necessária nenhuma preparação prévia: seu bebê não precisa ser despido e você não precisa usar óleo de massagem.

A cabeça do bebê possui diversas articulações fibrosas, chamadas de suturas, as quais, em virtude de sua capacidade para mover-se levemente, permitiram sua passagem pelo canal do parto. A fontanela, ou "moleira", que restou no alto da cabeça é uma membrana forte, mas você deverá massageá-la com delicadeza, acariciando-a com as pontas dos dedos e a palma da mão. Alguns bebês têm a cabeça marcada ou machucada durante o parto – espere a recuperação de qualquer ferimento visível antes de iniciar as massagens.

MASSAGEM SENTADA
Sente-se em uma cadeira confortável com o bebê no seu colo. Você poderá recostar seu braço em um braço de poltrona, se necessário.

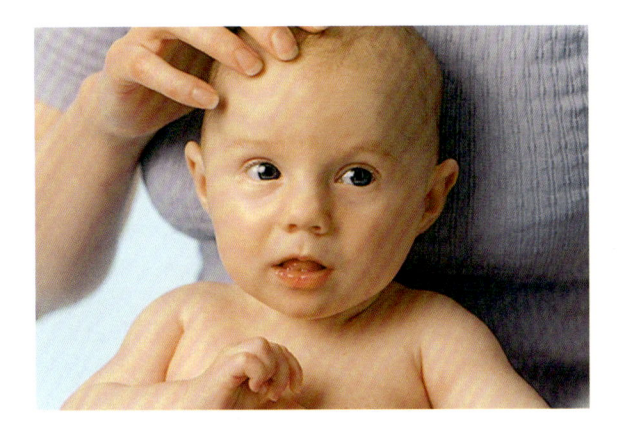

...ATÉ A CABEÇA E O PESCOÇO

1 Comece massageando com suavidade na área do alto da cabeça do bebê em movimento circular com as pontas dos seus dedos.

• **Continue por um ou dois minutos.**

2 Depois, movimente a mão por toda a coroa da cabeça do bebê em um movimento circular, usando o peso relaxado da sua palma e dedos.

• **Continue com os movimentos suaves por um ou dois minutos.**

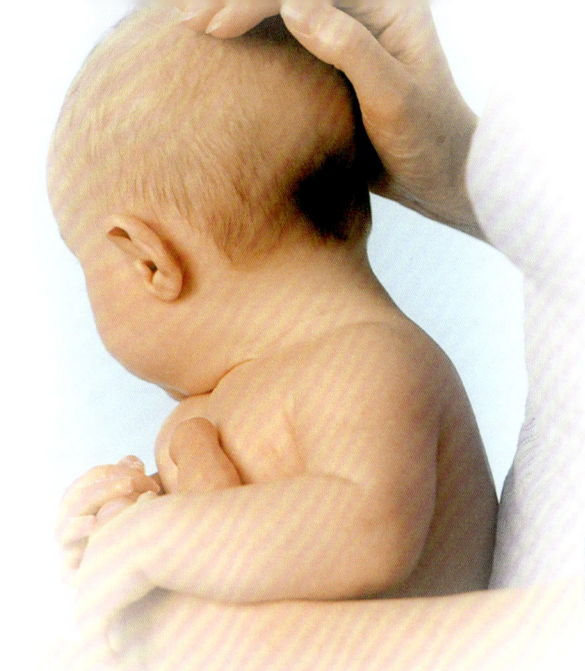

3 Agora, usando o peso relaxado de toda a sua mão, movimente-a em torno da parte posterior da cabeça do bebê, usando um movimento circular.

• **Continue por cerca de um minuto.**

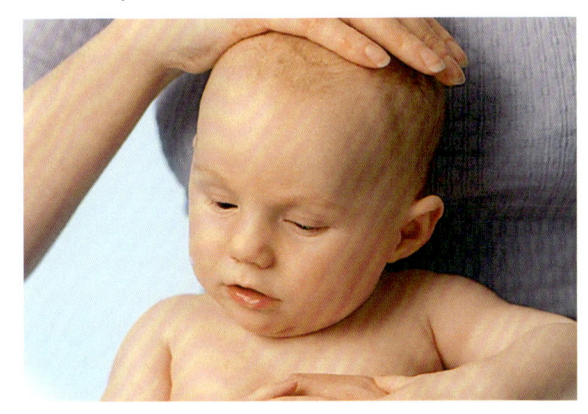

4 Continue o movimento, incluindo toda a cabeça do bebê. Movimente-se da parte de trás da cabeça para a testa e em torno da coroa.

• **Continue pelo tempo que desejar.**

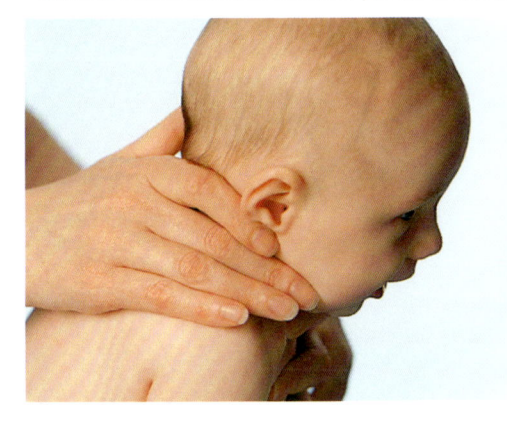

5 Agora, movimente a mão para baixo, pela parte de trás do pescoço e ombros do bebê, e massageie a área posterior do pescocinho com as pontas dos dedos.

• **Continue por um ou dois minutos.**

Se você usar óleo para essa massagem, não se esqueça de enxugar a testa do bebê, para impedir que o óleo escorra para os olhos dele, já que isso pode turvar temporariamente sua visão (usado regularmente, o azeite de oliva pode ser eficaz para tratar o tampão do berço – dermatite seborreica).

TÉCNICA CRANIOSSACRAL

Aos dois meses, os braços e pernas do bebê estão começando a se endireitar e, ao três meses, ele pode estender os membros com maior facilidade. Se o seu bebê é muito rebelde, passou por um parto difícil, longo ou precisou de fórceps ou ventosa, você poderá ajudá-lo a relaxar o pescoço e ombros. Diferentemente da massagem completa dos pés à cabeça, essa série começa na cabeça (crânio) e desce pelas costas (até o sacro). Isso porque a ênfase aqui está sobre o alinhamento físico da cabeça e pescoço e sobre o relaxamento do pescoço e ombros. O alívio da dor e da tensão nessa área reduzirá muito a irritabilidade do bebê. O pescoço é outra área emocional e muitas coisas podem afetá-lo; um parto longo e difícil certamente é uma delas, no que se refere ao seu bebê.

Você precisa escolher o momento certo para essa técnica – o melhor momento é logo após uma série de massagem completa, quando o bebê estiver totalmente relaxado e contente, ou depois do banho – quando ele está menos ativo. Você também precisará do seu companheiro ou de uma amiga para executar a técnica completa.

TERAPIA CRANIOSSACRAL
O segredo para essa terapia de manipulação é a leveza do toque e o alinhamento delicado da cabeça e pescoço.

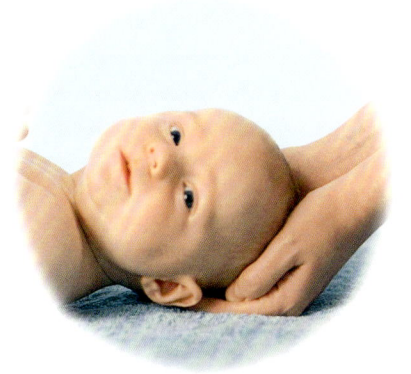

TÉCNICA CRANIOSSACRAL

1 Com cuidado, deite o bebê de costas, de frente para você e com a coroa da cabeça acessível. Sente-se atrás da cabeça dele e, com as palmas abertas e relaxadas, deslize suas palmas sob a base da cabeça e pouse-as no chão, como um travesseiro.

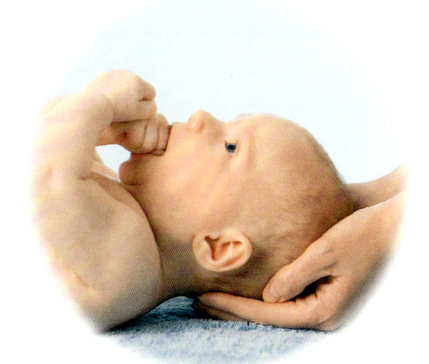

2 Posicione devagar a cabeça do bebê para que fique perfeitamente centralizada, com o queixo baixo na direção do tórax para relaxar e alongar a área posterior do pescoço. Segure a cabeça do bebê dessa forma por cerca de um minuto.

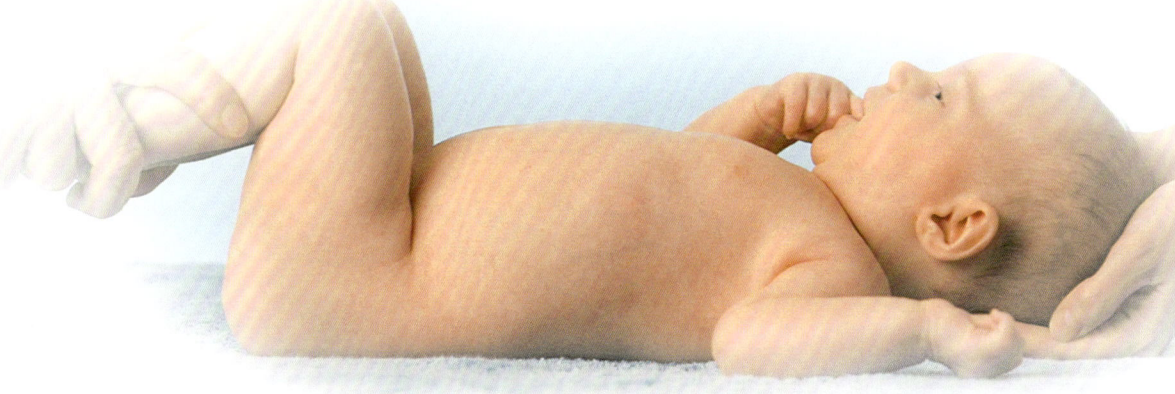

3 Depois que o bebê estiver completamente confortável assim, peça ao seu companheiro ou a uma amiga para ajudá-la a continuar na execução da técnica. Enquanto você segura a cabeça do bebê da mesma forma, deixe que o seu companheiro se sente no outro lado e segure os pés do bebê. Mantendo os pezinhos juntos, flexione os joelhos do bebê lentamente até um ângulo reto, com as solas dos pés de frente para o seu companheiro, para garantir o alinhamento das costas do bebê.

• Continue por aproximadamente 20 segundos.

4 Continue segurando a cabeça do bebê enquanto o seu companheiro endireita as perninhas com leves sacudidas antes de massageá-las levemente, deslizando a mão dos quadris até os pés. Deixe que o seu parceiro fale, cante e beije o bebê para envolvê-lo totalmente enquanto realiza a técnica.

• Continue por aproximadamente 20 segundos.

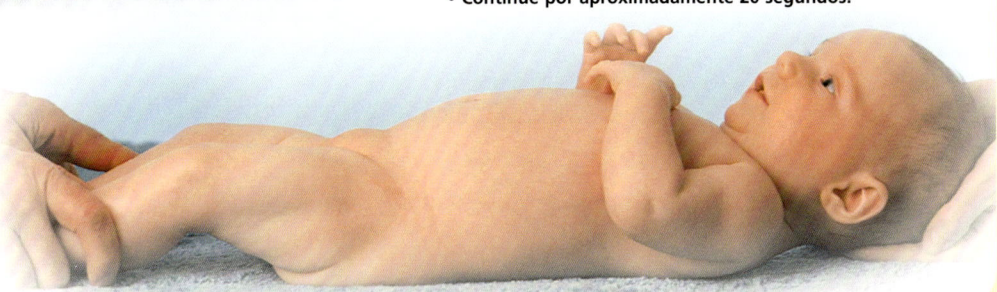

3 GARANTINDO A POSTURA DO SEU BEBÊ

Os estágios do desenvolvimento motor são universais e, como o desenvolvimento da inteligência, cada um deles depende da conquista do estágio anterior. Por exemplo, o seu bebê precisa sentar-se antes de poder permanecer de pé, e precisa ficar de pé antes de poder caminhar, e assim por diante. A idade em que ele senta, engatinha, fica de pé e anda não tem relação com o seu potencial intelectual e cada criança, em sua singularidade, faz isso em seu próprio tempo. Alguns bebês sentam-se mais tarde e caminham cedo, enquanto outros sentam-se cedo e começam a andar mais tarde.

Sentar-se corretamente é uma arte, uma grande conquista para todos os bebês e, como em todos os outros estágios do desenvolvimento, o bebê não deve ser pressionado nem apressado. Não existe um momento certo para sentar; assim, preste atenção nos sinais dados pelo bebê. O seu objetivo deve ser ajudá-lo a consolidar essa parte do desenvolvimento – massageá-lo para que ele tenha a postura mais saudável e confortável possível.

A continuidade das massagens pode tornar-se um desafio nessa fase, quando ele começa a se sentar por conta própria. Talvez ele não se contente mais em ficar deitado para a massagem, agora que chegou a esse estágio do desenvolvimento. Você precisará trabalhar com ele para adaptar-se às diferentes posições em que ele se colocar, para continuar oferecendo os benefícios de uma massagem completa.

Principais benefícios de uma massagem sentada

- Propicia uma postura confortável e saudável.

- Mantém a respiração abdominal.

- Auxilia na digestão.

- Promove o movimento livre e fácil da coluna em todas as direções de avanço.

- Consolida a postura do bebê e o ajuda a desenvolver confiança para sentar-se sozinho.

- Permite que você se acostume à crescente mobilidade do seu filho, modificando as suas técnicas.

Ajudando seu bebê a sentar

Durante as primeiras semanas, o bebê tem pouca força para sustentar a cabeça e o pescoço. Quaisquer tentativas de colocá-lo em posição sentada antes que ele esteja pronto resultarão em queda da cabeça para a frente e em encurvamento das costas. Essa é uma postura desconfortável e nada saudável, que enfraquece a coluna e pode inibir a respiração e a digestão, portanto, é melhor evitá-la.

Por volta do segundo ou terceiro mês, o seu bebê terá desenvolvido força no pescoço e ombros para começar a trabalhar em prol de uma postura sentada saudável. Quando ele puder deitar-se de bruços com a cabeça elevada e alinhada com seu peito, estará pronto para iniciar o estágio preliminar da posição sentada, com a sua ajuda.

Para sentar-se confortavelmente durante qualquer período, as articulações do bebê devem ser suficientemente flexíveis para que ele possa permanecer sobre a parte de trás das pernas, inclinado para a frente. Essa posição permite a livre movimentação da coluna para a frente. Ela também permite que o tórax permaneça expandido – para acomodar um ritmo respiratório mais profundo – e que a barriga permaneça relaxada, para não inibir o ritmo da digestão.

Não pressione o bebê na posição sentada com apoio das mãos. A formação completa dos punhos ainda levará alguns anos, e forçar essa postura aumentará a curvatura das costas.

COSTAS FORTES E RETAS
Sentar-se apoiado por costas fortes e retas permitirá que o bebê conquiste muitas habilidades novas e é uma etapa importante para que ele adquira um pouco mais de independência.

AJUDANDO SEU BEBÊ A SENTAR

1 Coloque o bebê sentado – com os pés juntos e os joelhos abertos (isso é conhecido como "pose do alfaiate"). Ajoelhe-se por trás e deslize sua mão esquerda em torno do tórax do bebê, para que ele possa inclinar-se para a frente contra a sua palma a fim de obter apoio, enquanto tira o peso da parte de trás das pernas.

2 Agora, deslize suavemente as pontas dos dedos da sua mão direita pela coroa da cabeça do bebê para relaxá-lo.

• Continue por cerca de 20 segundos.

3 Relaxe sua mão e, usando a palma, massageie com delicadeza em torno da coroa e laterais da cabeça.

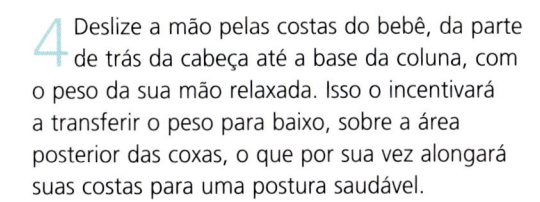

• Continue por cerca de 20 segundos.

4 Deslize a mão pelas costas do bebê, da parte de trás da cabeça até a base da coluna, com o peso da sua mão relaxada. Isso o incentivará a transferir o peso para baixo, sobre a área posterior das coxas, o que por sua vez alongará suas costas para uma postura saudável.

• Continue por cerca de 20 segundos.

Sentar com apoio

O bebê ganhará força se passar algum tempo deitado de bruços enquanto está acordado, e você saberá quando ele estiver pronto para sentar-se sozinho (em vez de se apoiar em você para isso) quando ele puder apoiar-se nos antebraços e nas mãos enquanto estiver nessa posição.

Se ele tentar sentar-se sem apoio nesse estágio, poderá cair para trás, para a frente sobre os pés ou para os lados. Assim, proteja-o colocando apoios por todos os lados.

Sente-o na "pose do alfaiate" – com os pés juntos e os joelhos abertos. Incline-o para a frente sobre um travesseiro comprido ou almofada colocada sobre suas pernas, e coloque uma almofada em cada lado, para que ele fique dentro de um triângulo. A ênfase está na inclinação para a frente, para que ele possa se alinhar; assim, certifique-se de que ele esteja bem apoiado sobre a área posterior das pernas.

SEGURANÇA POR TODOS OS LADOS
Certifique-se de que o seu bebê esteja totalmente cercado por apoio macio enquanto ele estiver na pose do alfaiate.

Nunca deixe o bebê desacompanhado quando ele estiver sentado com o apoio de almofadas.

SENTAR COM APOIO

1 Depois que o bebê puder suportar seu peso nos braços, retire as almofadas de apoio e deixe que ele se incline para a frente, para que apoie o tronco nos braços estendidos por tanto tempo quanto for confortável. Dê apoio segurando-o levemente pela cintura ou quadris.

2 Agora, retire o apoio das costas, movendo suas mãos para baixo e pousando suas mãos relaxadas sobre as pernas do bebê, para "firmá-lo" enquanto ele conquista o equilíbrio. Deixe os braços do bebê livres para que ele possa usá-los como apoio.

3 Continue praticando até sentir que o bebê tem confiança e segurança nessa posição; depois, você poderá começar a incluir a massagem. Estabilize o bebê com uma das mãos e massageie a parte de trás dos quadris com a outra mão empurrando para baixo, para ajudá-lo a manter o equilíbrio.

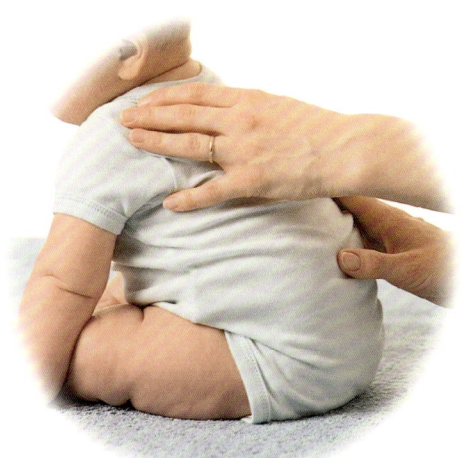

4 Depois, massageie as costas do bebê com mão sobre mão, dos ombros até a região lombar inferior, empurrando levemente para baixo a parte de trás dos quadris e a base da coluna.

Sentar sem apoio

Sentar sem apoio de modo geral é um marco que ocorre por volta dos seis ou sete meses de idade. Quando o seu bebê estiver totalmente seguro ao sentar-se por conta própria, ele poderá alcançar seus brinquedos favoritos, segurar uma xícara ou biscoito e estender seus braços para cima, para ser levado ao colo. Agora, a massagem pode ajudá-lo a fortalecer e consolidar sua postura e a desenvolver mais confiança enquanto se senta sem ajuda. Você pode modificar algumas das técnicas para o seu bebê agora que ele consegue sentar-se sem apoio e se concentrar naquelas que mais o beneficiarão nesse estágio do desenvolvimento.

Esse é um período importante para o bebê. Assim, não tenha pressa para fazê-lo engatinhar. A prática o ajudará a aperfeiçoar essas posturas, e ele está desenvolvendo habilidades que durarão por toda a vida. Seu filhinho saberá quando já tiver prática suficiente para seguir em frente.

APOIO ADICIONAL
Ajoelhando-se com o bebê entre as pernas, você lhe oferece apoio – se for preciso – enquanto ele aprende a sentar-se sozinho.

SENTAR SEM APOIO

1 Enquanto o bebê se senta, ajoelhe-se atrás dele e massageie suas costas, mão sobre mão, a região em torno dos quadris e no alto das pernas.

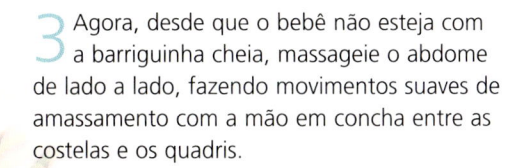

• **Continue por aproximadamente 20 segundos.**

2 Deslize as mãos sobre os ombros dele e puxe delicadamente os bracinhos entre as suas palmas relaxadas para baixo e para os lados. Isso ajudará a relaxar os braços e ombros do bebê nessa posição. Você pode usar óleo para que suas mãos deslizem com facilidade e não acabem por perturbar o equilíbrio do bebê com um movimento brusco.

• **Continue por aproximadamente 20 segundos.**

3 Agora, desde que o bebê não esteja com a barriguinha cheia, massageie o abdome de lado a lado, fazendo movimentos suaves de amassamento com a mão em concha entre as costelas e os quadris.

• **Continue por aproximadamente 20 segundos.**

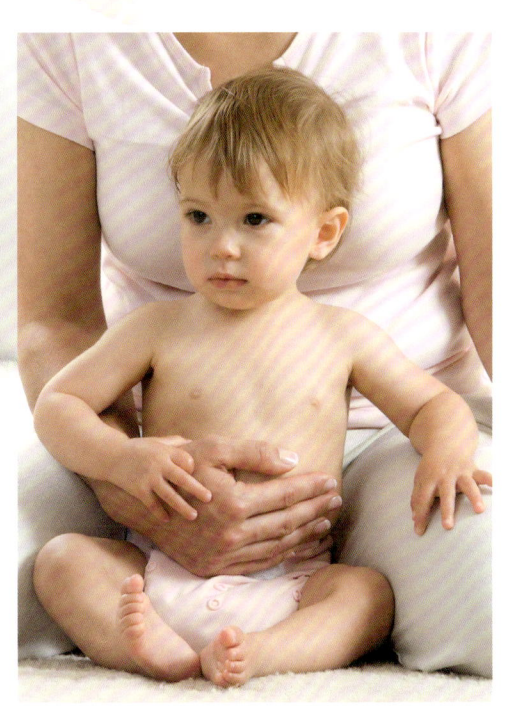

Sentar ao estilo japonês

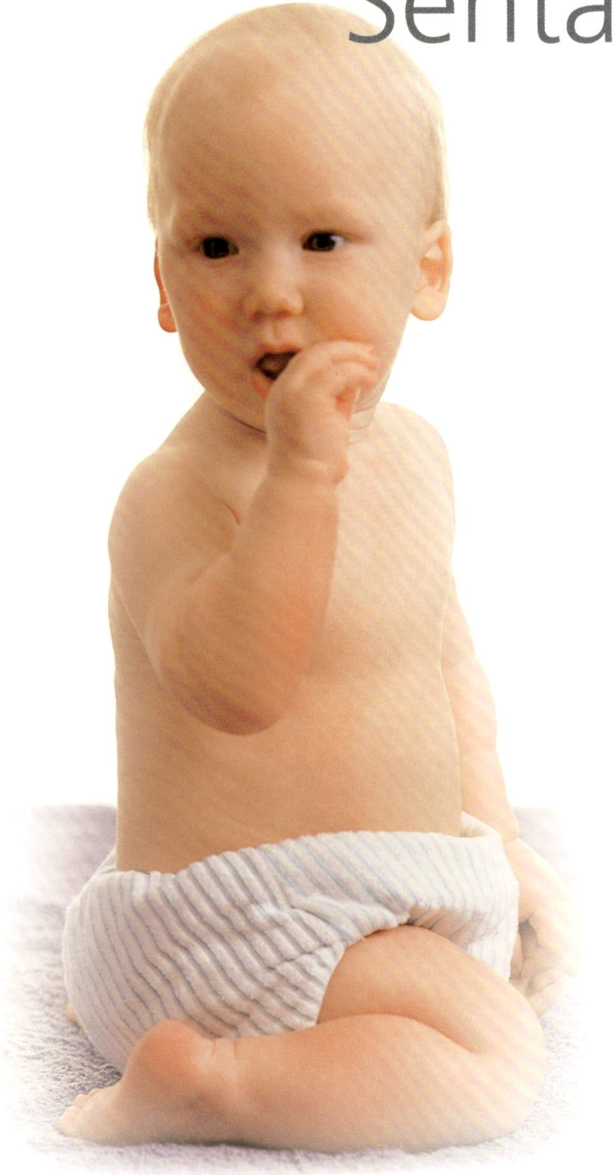

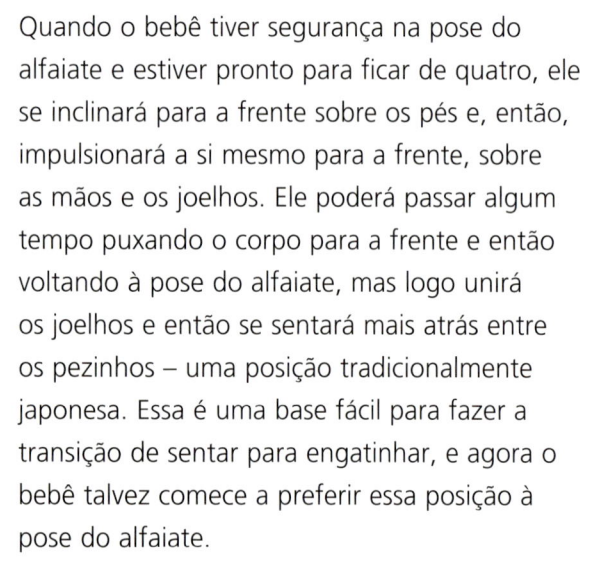

Quando o bebê tiver segurança na pose do alfaiate e estiver pronto para ficar de quatro, ele se inclinará para a frente sobre os pés e, então, impulsionará a si mesmo para a frente, sobre as mãos e os joelhos. Ele poderá passar algum tempo puxando o corpo para a frente e então voltando à pose do alfaiate, mas logo unirá os joelhos e então se sentará mais atrás entre os pezinhos – uma posição tradicionalmente japonesa. Essa é uma base fácil para fazer a transição de sentar para engatinhar, e agora o bebê talvez comece a preferir essa posição à pose do alfaiate.

Você terá de escolher o momento certo para massageá-lo quando ele conquistar essa posição, porque depois de adquirir a mobilidade ele não desejará ficar quieto por muito tempo.

CORRIGINDO A POSIÇÃO DOS PEZINHOS
Alguns bebês sentam-se nessa posição com os pés voltados para fora. Se você perceber que isso ocorre com o seu bebê, corrija delicadamente voltando os pezinhos para dentro – uma posição muito mais saudável para os joelhos e quadris.

SENTAR AO ESTILO JAPONÊS

1 Sente-se atrás do bebê, massageie a frente das coxas dele – dos joelhos aos quadris –, com movimentos para trás e para a frente, com as mãos lubrificadas e relaxadas. Isso relaxará a parte frontal das coxas do bebê.

• **Continue por cerca de 20 segundos.**

2 Agora, tente incentivá-lo a recostar-se em você em um ângulo aproximado de 30 graus. Isso o ajudará a relaxar ainda mais a frente das coxas e manterá a região lombar inferior alinhada e forte.

• **Continue por cerca de 20 segundos.**

3 Deixe seu bebê sentar-se ereto novamente. Para relaxar o abdome do seu filho, com a mão levemente em concha faça movimentos circulares da direita para a esquerda. Isso também auxiliará na digestão.

• **Continue por cerca de 20 segundos.**

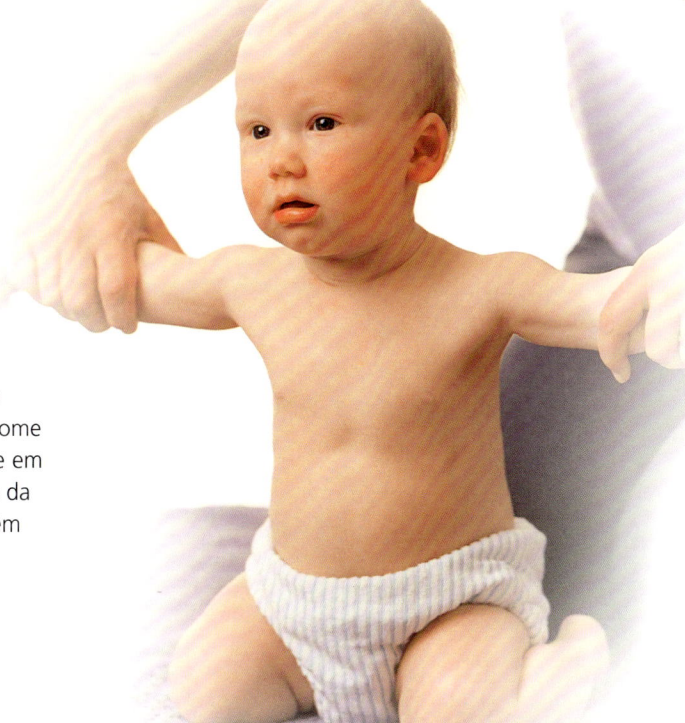

4 Usando óleo, pouse as mãos relaxadas nos ombros do bebê e puxe delicadamente os braços dele num movimento uniforme entre as suas palmas, para ajudá-lo a relaxar os braços e os ombros nessa posição.

• **Continue por cerca de 20 segundos.**

4 MOBILIDADE E GINÁSTICA SUAVE

Quando adquirir a capacidade para sentar-se sozinho, seu bebê começará a sair da primeira posição sentada. Ao sair da posição sentada e começar a engatinhar, ele desenvolverá a segunda posição sentada e começará a engatinhar, ficar de pé e andar. Tendo criado uma vasta amplitude de movimentos versáteis, seu bebê agora começará a ganhar força rapidamente e a suportar e mover seu peso crescente de um lado para o outro, tornando-se um pequeno "levantador de peso". Quanto mais peso ele levantar, mais forte se tornará e, como todos os levantadores de peso, a menos que continue fazendo movimentos expansivos, perderá parte de sua flexibilidade à medida que adquirir força.

À medida que o bebê começar a engatinhar, agachar-se, ficar de pé e andar, diminuirá seu desejo de ficar quietinho para receber uma massagem estruturada, mas as técnicas de ginástica suave a seguir permitirão que você continue influenciando positivamente o seu desenvolvimento enquanto ele exercita suas capacidades recém-adquiridas. Essas técnicas podem ser usadas para diversão e brincadeiras ao mesmo tempo que mantêm a boa postura e o total condicionamento estrutural conforme o bebê cresce. Além disso, elas permitirão que você continue envolvendo-o em momentos muito íntimos, cheios de carinho e afeto.

Como a massagem, essas brincadeiras com ginástica suave nunca devem ser forçadas ou praticadas contra a vontade da criança, e não é preciso praticar todos os alongamentos de uma vez só. É melhor tentá-los um de cada vez, até você adquirir segurança total e o bebê demonstrar vontade e prazer com eles. Então, você poderá praticá-los uma ou duas vezes por semana.

Principais benefícios da ginástica suave

- Incentiva seu bebê a desenvolver e manter a flexibilidade, bom tônus muscular e mobilidade das articulações.

- Incentiva-o a desenvolver e manter tórax e ombros expandidos, costas fortes e boa postura enquanto cresce e adquire mais força.

- Aumenta a autoconfiança e uma boa imagem corporal.

- Incentiva a simetria estrutural e o equilíbrio.

- Incentiva-o a manter e a desenvolver a respiração abdominal e o relaxamento muscular, tanto em repouso como em movimento.

- Incentiva um relacionamento físico e emocional mais confiante com os pais.

INCENTIVANDO A MOBILIDADE

Embora a maioria dos bebês engatinhe por algum tempo antes de ficar de pé e andar por conta própria, alguns ficam de pé e andam sem passar pela fase de gatinhas. Em geral, um bebê salta a fase de gatinhas porque ele não passou tempo suficiente deitado de bruços enquanto acordado, e hesita mais em andar de quatro. Esses bebês com frequência "arrastam o bumbum" e se movem pela casa – com bastante eficiência – enquanto estão sentados.

Bebês acostumados a deitar de bruços começarão a puxar o corpo para a frente a partir da posição sentada – pose do alfaiate – e se colocarão de quatro quando estiverem prontos para engatinhar. A partir desse ponto, as primeiras tentativas de engatinhar geralmente resultam em um movimento para trás e, após alguma prática, ele começará a se mover para a frente, usando braços e mãos. Então, ele geralmente começará a engatinhar usando as mãos e os joelhos, mas alguns bebês engatinham usando as mãos e os pés.

Ao mesmo tempo que o bebê faz suas primeiras tentativas para engatinhar, ele desenvolve sua segunda posição sentada e pode se colocar de pé com apoio. Conforme desenvolve sua força e confiança, ele começará a se levantar a partir da postura de gatinhas, com apoio, e praticar o levantamento das pernas. Depois que conseguir elevar e baixar uma perna de cada vez, ele começará a andar de lado segurando-se nos móveis, e andará para a frente quando alguém lhe segurar as mãos.

INCENTIVANDO A MOBILIDADE

Preparo

Depois que o seu bebê puder se sentar sozinho, ajoelhe-se no chão e sente-o sobre sua coxa. Deixe que ele se agache e fique de pé com os pés em cada lado da sua coxa. Essa posição mantém seus quadris, joelhos e tornozelos em linha para incentivar a simetria da postura.

• **Continue enquanto você e ele se sentirem confortáveis.**

Engatinhando

Para incentivá-lo a engatinhar, balance-o para um lado e para o outro sobre a sua coxa enquanto ele está de quatro.

• **Continue enquanto você e ele estiverem confortáveis.**

De pé

Coloque-o de pé e segure-o pela cintura. Faça leve pressão para baixo, dando a ele o peso das suas mãos para maior firmeza e melhor equilíbrio. Você pode desenvolver isso levando suas mãos às coxas do seu filho e pressionando para baixo.

• **Continue enquanto for divertido e seu filho estiver confortável.**

Caminhando

Depois que o seu bebê puder ficar de pé, você poderá incentivá-lo a caminhar. Sente-se no chão, de frente para o seu companheiro – vocês deverão estar suficientemente próximos para se tocar com as mãos estendidas. Com o bebê de pé entre vocês dois, chame-o pelo nome e o incentive a andar entre o curto espaço.

• **Continue enquanto você e o bebê estiverem se divertindo.**

Balanço na pose do alfaiate

Ao sentar-se no chão, a maioria dos adultos tende a curvar a coluna e apoiar o peso do corpo na região lombar inferior. Essa posição não apenas é desconfortável durante qualquer período como também prejudica as costas e a coluna, e pode inibir as funções de respiração e digestão.

Ao praticar essa técnica, seu bebê adquirirá a força e flexibilidade necessárias para continuar sentado com seu peso na parte de trás das coxas. Isso retira a tensão da região lombar inferior e mantém a boa postura ao sentar. Os órgãos internos dele também se beneficiarão, porque nessa posição o tórax está expandido e a barriguinha está relaxada, permitindo que ele respire mais profundamente e incentivando um ritmo digestivo mais saudável.

Essa posição também é prática para seu bebê em desenvolvimento – mantendo a flexibilidade, sua coluna fica livre para curvar-se a partir das articulações dos quadris, permitindo-lhe inclinar-se livremente para a frente em todas as direções.

À medida que o seu bebê aprende a ficar de pé, ele pode perder parte da flexibilidade e, com isso, também sua postura sentada perfeita. É importante, portanto, continuar usando o balanço da pose do alfaiate para garantir que os quadris permanecerão flexíveis e que ele conservará costas fortes, retas e boa postura conforme crescer e se desenvolver.

O balanço logo se tornará uma brincadeira que o seu filho adorará e esperará com prazer – você poderá esquecer de fazê-la, mas ele a lembrará rapidamente.

UMA POSE NATURAL
Essa é a primeira posição sentada do seu bebê. Com os pés juntos e joelhos abertos, as pernas e quadris estão em perfeita simetria.

BALANÇO NA POSE DO ALFAIATE

1 Sente-se com o bebê no colo na pose do alfaiate, com seus braços sob os braços e sobre as pernas dele. Junte as solas dos pezinhos e puxe-as suavemente na direção do tronco. "Bata palminhas" com os pés e balance suavemente seu bebê, de um lado para o outro.

* **Continue por cerca de 20 segundos.**

2 Agora, eleve os calcanhares e apoie seu bebê segurando-o pelos tornozelos. Ele estará preso em segurança entre os seus antebraços.

Durante toda essa brincadeira com ginástica suave, certifique-se de manter seus braços sob os do bebê e sobre as pernas dele.

3 Agora, comece a balançar o bebê levemente, de um lado para o outro. Faça isso cinco ou seis vezes – enquanto o bebê encontra seu próprio ritmo, ele relaxará e começará a gostar da brincadeira. Continue balançando e, agora, deixe que ele se incline para a frente, levando o tórax na direção dos pés. Certifique-se de que seus braços continuem sob os braços do bebê durante todo o exercício.

* **Continue por 4-5 balanços.**

Pernas fortes e flexíveis

Como as "raízes" do corpo, as pernas devem ser fortes o bastante para o apoiarem e transportarem, e flexíveis o bastante para permitir uma vasta amplitude de movimentos, de sentar e ficar de pé até saltar e correr. Quando o bebê começar a explorar sua amplitude de movimentos e "descobrir seus pés", ele se tornará mais confiante e um pouco mais independente.

À medida que as pernas se fortalecem, ele não ficará mais de pé e caminhará com as pernas e pés abertos, ao "estilo caubói", porque os músculos internos de suas coxas se contrairão e as alinharão com os quadris. Ao mesmo tempo, outros músculos posturais – como as panturrilhas, área frontal das coxas e nádegas – se fortalecerão para dar maior estabilidade às pernas. Se esses músculos se fortalecem, mas não são alongados, seu bebê perde um pouco da amplitude de movimentos. Por exemplo, ele não conseguirá mais levar o pé até o rosto ou desfrutar da liberdade de movimentos na pose do alfaiate.

Seu bebê gastou muito tempo e esforço para estabelecer uma vasta amplitude de movimentos, e é sensato ajudá-lo a retê-los enquanto adquire força. Essas brincadeiras com ginástica suave, realizadas uma ou duas vezes por semana, garantem que o seu bebê mantenha articulações flexíveis e continue desfrutando de uma ampla variedade de movimentos e boa postura.

MANTENDO OS QUADRIS FLEXÍVEIS
Você pode ajudar a manter a flexibilidade dos quadris do seu bebê sentando-se de modo que as pernas dele fiquem estendidas em torno da sua cintura.

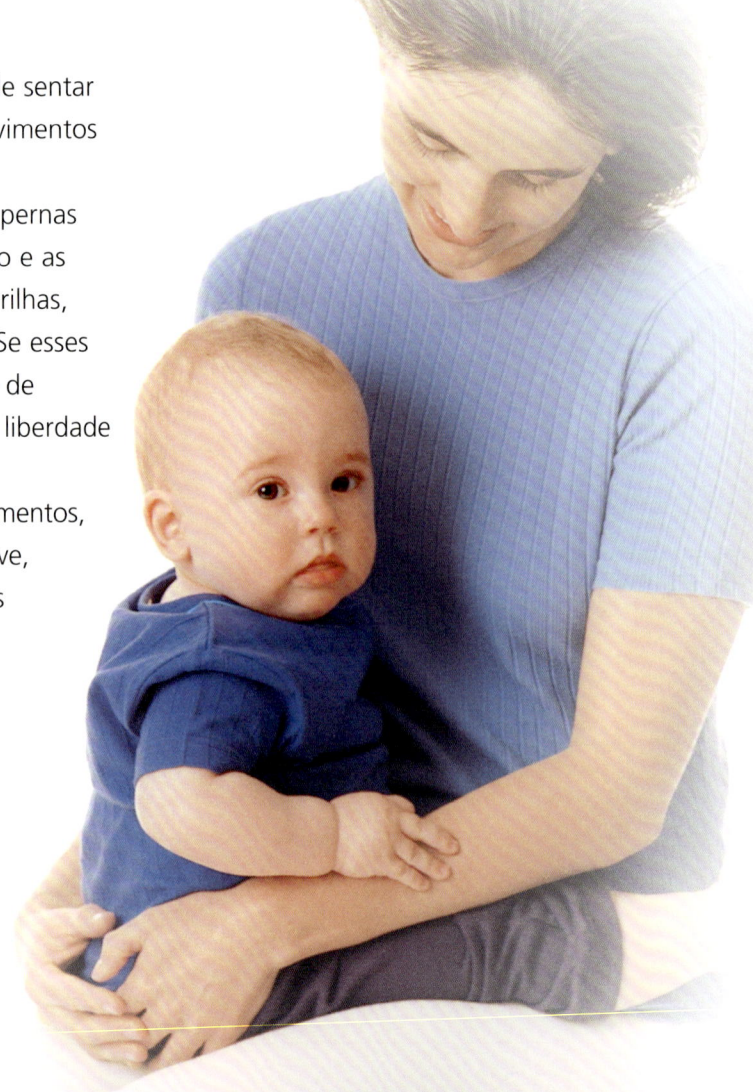

PERNAS FORTES E FLEXÍVEIS

1 Sente o seu bebê sobre as suas coxas e se incline um pouco para trás, enquanto leva os pezinhos dele na direção do rosto. Balance-o de lado a lado e cante para ele.

- **Continue por cerca de meio minuto.**

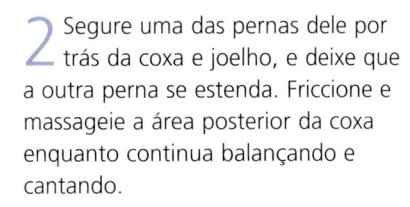

2 Segure uma das pernas dele por trás da coxa e joelho, e deixe que a outra perna se estenda. Friccione e massageie a área posterior da coxa enquanto continua balançando e cantando.

- **Continue por meio minuto. Repita com a outra perna.**

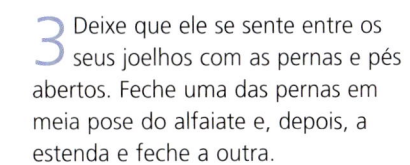

3 Deixe que ele se sente entre os seus joelhos com as pernas e pés abertos. Feche uma das pernas em meia pose do alfaiate e, depois, a estenda e feche a outra.

- **Repita esse movimento de perna para perna de forma rítmica por cerca de meio minuto.**

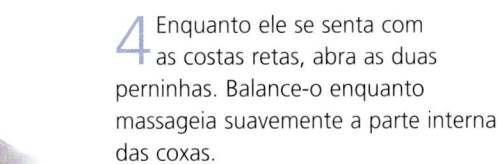

4 Enquanto ele se senta com as costas retas, abra as duas perninhas. Balance-o enquanto massageia suavemente a parte interna das coxas.

- **Continue por 20-30 segundos.**

5 Junte as pernas dele e, mantendo-as retas, alongue os calcanhares, pegando os pezinhos em suas mãos e virando-os para fora.

- **Mantenha por alguns segundos.**

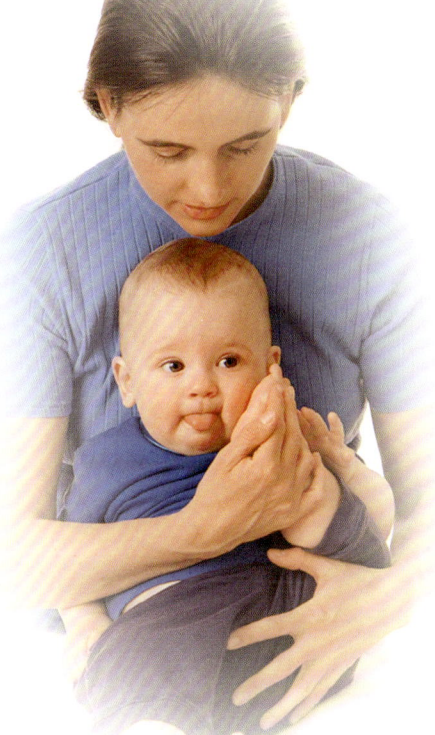

Tórax e ombros abertos

Diferentemente dos adultos, que em geral limitam sua respiração ao tórax e inibem suas expressões emocionais a movimentos faciais e de mão, a criança se expressa com o corpo inteiro – saltando para cima e para baixo e abrindo bem os braços com prazer, ou sacudindo os punhos e batendo os pés com raiva. Os bebês são ativos; suas respostas são espontâneas e seu ritmo respiratório é pleno e fácil.

Crianças pequenas têm uma compreensão intuitiva do relacionamento íntimo entre sentimento, respiração e movimento. Além de expressarem suas emoções com movimentos desinibidos, para suprimir uma emoção – para aliviar o medo ou a ansiedade aguda –, eles cessam todos os movimentos, ficam muito imóveis e prendem a respiração.

Observe como o bebê se senta e se coloca de pé; as coisas retas, tórax aberto e ombros relaxados revelam uma atitude positiva frente à vida e um estado mental não afetado pela negatividade. Observe como o bebê respira; cada respiração desce profundamente até sua barriguinha e o tórax e abdome trabalham em harmonia – expandindo-se e se contraindo juntos.

As costas retas e peito e ombros abertos do bebê ilustram o equilíbrio estrutural sem a colocação de tensão indevida sobre os músculos. Isso permite que eles funcionem de forma saudável e retenham um alto grau de relaxamento, mesmo quando o corpo está em movimento.

Mesmo a partir de uma idade precoce, os bebês adoram arquear as costas, e é esse movimento intuitivo que contribui imensamente para a natureza saudável de sua postura e ritmo respiratório.

DUPLO BENEFÍCIO
Esse exercício incentiva o total relaxamento por toda a frente do corpo do bebê e fortalece suas costas e coluna.

TÓRAX E OMBROS ABERTOS

2 Agora, deixe que ele se incline para trás sobre as suas coxas, de modo que os pezinhos permaneçam no chão e a cabeça e costas se curvem para trás. Para incentivar esse movimento, balance levemente o bebê e role devagar suas pernas de lado a lado, enquanto canta para ele.

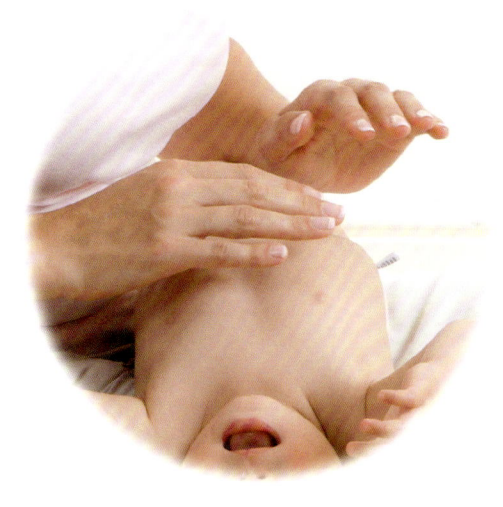

1 Sente-se no chão, contra uma parede ou na borda de uma almofada, com as suas pernas retas. Quando estiver confortável, sente seu bebê atravessado no seu colo, para que ele fique de lado.

3 Depois que ele estiver relaxado nessa posição, dê tapinhas em seu tórax com as mãos em concha, friccione a barriga dele no sentido horário ou deslize as mãos pela frente das suas coxas. Continue rolando suas pernas suavemente, enquanto continua essa massagem suave.

• **Continue por meio minuto.**

Seu bebê logo aprenderá a ansiar por curvar-se para trás e se deitará com mais facilidade, permanecendo um pouco mais nessa posição enquanto você faz fricção em sua barriga, tórax e ombros.

Força e flexibilidade nas costas

As crianças envolvem-se frequentemente em brincadeiras e atividades físicas vigorosas que, muitas vezes, exigem uma ampla gama de movimentos físicos. A flexibilidade da coluna e a força dos músculos que a apoiam são, portanto, de grande importância.

Depois que aprende a andar, o seu filho tratará de estabelecer seu equilíbrio e testará continuamente os limites dos seus movimentos e as potenciais capacidades do seu corpo. Isso envolverá, sem dúvida, alguns tropeços, mas uma vez que as crianças são mais relaxadas que os adultos – tanto em ação quanto em repouso – o choque do impacto quando caem geralmente passa direto por seus corpos, sem afetá-los.

Você pode envolver seu bebê na brincadeira de ginástica suave a seguir e continuar fazendo isso enquanto puder mantê-lo no colo e vocês dois estiverem se divertindo. Praticada uma ou duas vezes por semana, ela ajudará a manter e melhorar a flexibilidade do seu filho em toda a região frontal do corpo, a flexibilidade geral da coluna e a força das costas. Ela também é muito boa para a postura do bebê e promove todos os benefícios fisiológicos da boa saúde e autoconfiança que acompanham a boa forma e a postura correta.

ATIVIDADE COM DUPLA FINALIDADE
Nessa brincadeira, que também promove a confiança, o mundo do bebê vira de cabeça para baixo e, depois, volta ao normal quando ele encontra o seu centro.

FORÇA E FLEXIBILIDADE NAS COSTAS

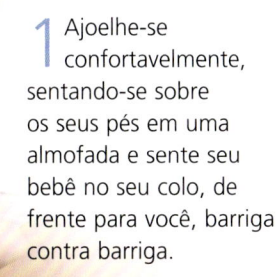

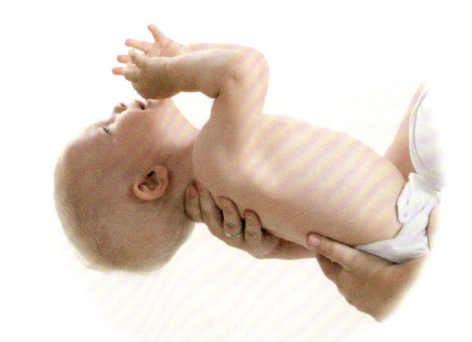

1 Ajoelhe-se confortavelmente, sentando-se sobre os seus pés em uma almofada e sente seu bebê no seu colo, de frente para você, barriga contra barriga.

2 Agora, mantendo as pernas dele seguras em torno das laterais do seu corpo e sob os seus braços, posicione suas duas mãos nas costas dele – uma na base do pescoço e a outra na região lombar inferior, entre os quadris. Deixe que ele se incline para trás e expanda suavemente seu tórax e ombros, empurrando para trás o alto das suas costas. Fale, cante e balance-o suavemente, mantendo-o totalmente envolvido.

- **Continue por cerca de 20 segundos.**

3 Agora, baixe o bebê e deixe que ele se incline para trás sobre os seus joelhos, colocando suas mãos nos ombros dele. Balance as coxas devagar, de um lado para outro, para relaxar seu bebê.

- **Continue por cerca de 20 segundos.**

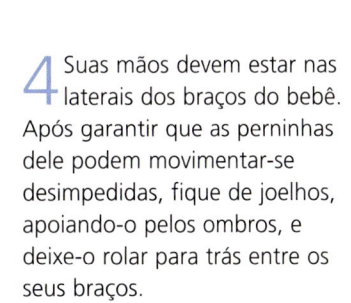

4 Suas mãos devem estar nas laterais dos braços do bebê. Após garantir que as perninhas dele podem movimentar-se desimpedidas, fique de joelhos, apoiando-o pelos ombros, e deixe-o rolar para trás entre os seus braços.

5 Quando ele voltar à posição de pé, deixe cair as suas mãos, segure-o pelos quadris e faça leve pressão para baixo, usando apenas o peso de suas mãos para "firmá-lo".

Reintroduzindo a massagem

A crescente mobilidade e o desejo de explorar geralmente significam que a maioria dos bebês passa por um período de resistência a deitar-se pelo tempo necessário para uma massagem completa. Quando isso ocorre, não tire as roupas do bebê para a massagem, mas sempre que vocês estiverem sentados juntos, continue friccionando as costas, cabeça, braços, pernas e pés dele. Tente manter essa espécie de toque carinhoso sempre que for agradável para os dois. Embora ele talvez não queira despir-se e ser massageado, a necessidade de ser abraçado e tocado ainda é imensamente importante; seu carinho físico constante aumentará o senso de valor e a imagem corporal saudável do seu filho. Muitos abraços espontâneos, beijos e carícias contribuirão para a autoestima dele, e permitirão que você reintroduza a massagem com maior facilidade. Quando você achar que chegou o momento, geralmente por volta dos 18 meses, tente introduzir a série a seguir no tempo do seu filho, não no seu. De modo geral, o momento ideal é quando ele está mais relaxado – antes do cochilo da tarde ou antes de ir dormir, por exemplo – mas não com o estômago cheio ou vazio.

INTIMIDADE PRESERVADA
A necessidade de ser abraçado e tocado continua pela vida inteira. Mantenha o contato físico agradável com seu filho, enquanto ele cresce e se desenvolve.

REINTRODUZINDO A MASSAGEM

1 Posicione suas mãos no centro do peito do seu filho e massageie para cima, para fora e para trás, rumo ao centro, com suas mãos relaxadas.

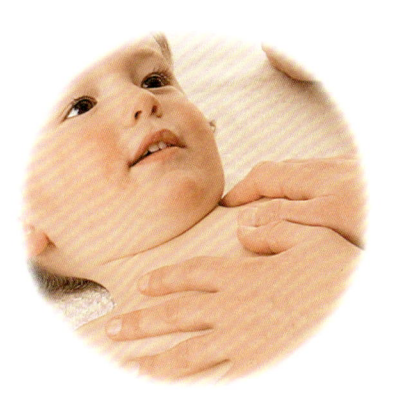

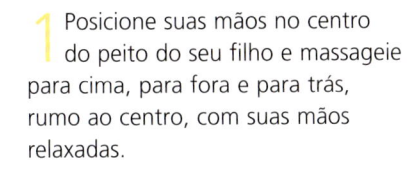

• Repita 4-5 vezes.

2 Friccione os ombros do seu filho gentilmente, mas com firmeza, para trás e para a frente, partindo das laterais do pescoço para fora.

• Continue por cerca de 20 segundos.

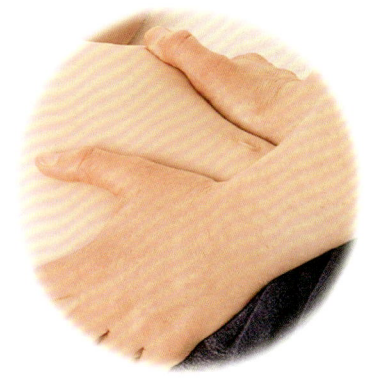

3 Mantendo suas mãos na pele do seu filho, movimente-as para baixo, dos ombros aos quadris, e refaça o trajeto.

• Repita 4-5 vezes.

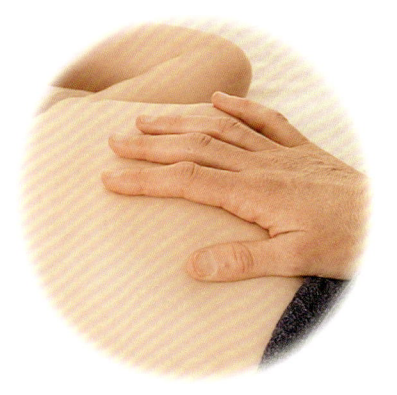

4 Usando o peso relaxado de uma das mãos, massageie a barriga do seu filho no sentido horário, em um movimento circular.

• Repita 5-6 vezes.

5 Massageie a frente das coxas, apertando, soltando e friccionando suavemente cinco ou seis vezes. Depois, deslize suas mãos para as panturrilhas e repita os movimentos.

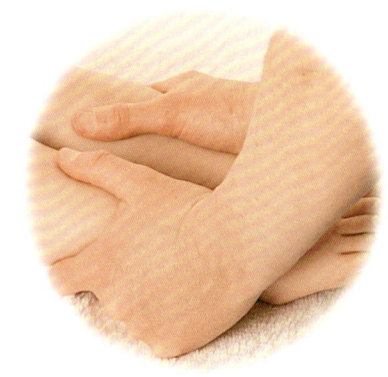

6 Mantenha suas mãos sobre a pele da criança e volte massageando até os ombros e descendo até os pés.

• Repita 3-4 vezes, terminando nos pés.

Mobilidade e ginástica suave

REINTRODUZINDO A MASSAGEM

Um toque mais forte

O início da fase dos "terríveis dois anos", por volta dos 18 meses, é o momento em que o seu bebê começa a se afirmar e busca a independência, exigindo ainda mais paciência e compreensão de sua parte. Mais ou menos nessa idade, apropriadamente, existem períodos em que os bebês voltam a sentir prazer com a massagem, e esses intervalos muitas vezes proporcionam uma pausa bem-vinda nos extremos emocionais que podem dominar essa época da vida.

Agora que o seu bebê está mais forte e resistente, talvez você precise acrescentar maior profundidade ao seu toque, oferecendo uma massagem um pouco mais forte e rápida. Para prender a atenção dele, você deve continuar falando, cantando e mantendo o contato visual tanto quanto puder, durante o tempo que durar a massagem. Se você praticou a ginástica suave apresentada nas páginas 60 a 71, talvez possa combinar a massagem com um ou dois daqueles exercícios. Aproveite a oportunidade para dar "banho de ar" em seu bebê, enquanto ele aproveita a mobilidade adquirida.

COMBINAÇÃO BENÉFICA
Use as brincadeiras de ginástica suave combinadas com massagem como um modo de colocar o seu bebê na trilha para a independência.

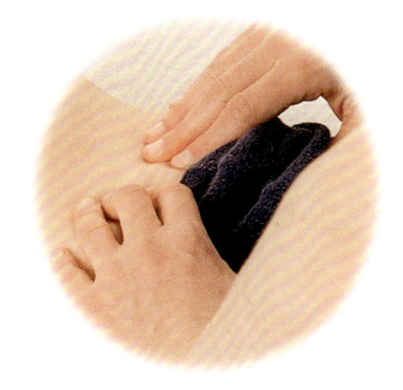

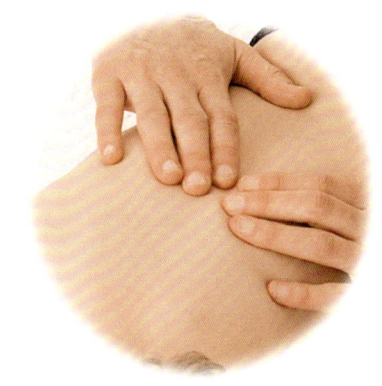

REINTRODUZINDO A MASSAGEM

7 Com o bebê deitado de bruços, friccione os seus ombros com as palmas e massageie as laterais da área superior da coluna, pressionando-a levemente com os polegares.

• Continue por cerca de 20 segundos.

8 Usando o peso das mãos relaxadas, vá deslizando as mãos pelas costas do bebê, dos ombros aos pés. Usando as pontas dos dedos, massageie a base da coluna e friccione-a com delicadeza.

• Repita 3-4 vezes.

9 Com os dedos médios e indicadores das duas mãos, deslize pelos lados das costas do bebê, da base da coluna até a área posterior do pescoço e refaça o trajeto.

• Continue por cerca de 20 segundos.

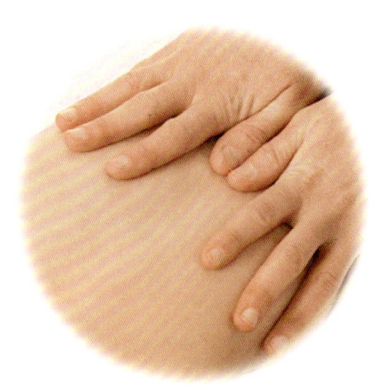

10 Agora, abra os dedos e arraste o peso relaxado das mãos, indo até os pés do bebê. Deslize as mãos de volta à base da coluna.

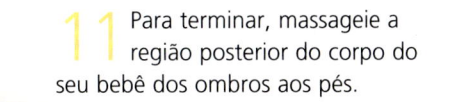

• Repita 3-4 vezes.

11 Para terminar, massageie a região posterior do corpo do seu bebê dos ombros aos pés.

• Repita 3-4 vezes.

Mobilidade e ginástica suave

5 Toque terapêutico para doenças e necessidades adicionais

Muitos males e doenças da infância tornam a pele hipersensível e irritável, e quando seu bebê está claramente enfermo, ele não quer ser massageado como sempre foi. Com bastante frequência, o que um bebê mais deseja e precisa é dormir e ser aconchegado, até que o medicamento prescrito faça efeito. Nessas situações, quando você estiver confortavelmente deitada ou sentada com o seu bebê, tente apertar e fazer movimentos suaves de pressão nas mãos e pés dele, acariciando sua cabecinha suavemente com as pontas dos seus dedos – essas técnicas não são invasivas e podem ser relaxantes e reconfortantes.

> Se o seu bebê apresenta sintomas de doença, como febre, inquietação e irritabilidade, lacrimejamento ou coriza, procure sempre o médico – um diagnóstico rápido pode acelerar a recuperação dele.

A mesma abordagem pode ser usada se o seu bebê está abatido emocionalmente, se não responde bem ao toque, se tem dificuldade para relaxar e ficar à vontade quando levado ao colo, e se chora com facilidade.

No capítulo a seguir, você verá algumas técnicas para problemas mais específicos, mas nenhuma deverá ser usada como substituto de diagnóstico e recomendações profissionais.

Bebês com necessidades adicionais também podem se beneficiar da massagem e você pode modificar as técnicas ou enfatizar certos elementos para adequá-los a necessidades particulares.

Principais benefícios das técnicas de toque terapêutico

- Aliviam os problemas comuns da infância.

- Podem acalmar uma criança geralmente irritável.

- Auxiliam no combate a diversos tipos de congestão.

- Permitem que os pais aliviem problemas físicos.

Tosse, resfriado e congestão

Um bebê pequeno respira pela boca somente quando as narinas estão totalmente obstruídas por muco. Durante o dia, isso pode não representar um problema, mas à noite isso pode ser uma fonte significativa de desconforto. Quando o seu bebê dorme, o ritmo respiratório se torna mais lento e profundo, e se as narinas estão congestionadas, ele abre a boca em busca de ar e desperta, assustado. Isso pode ser muito perturbador, sobretudo se o bebê já estabeleceu uma rotina de sono.

Se as narinas do bebê estão congestionadas, coloque-o para dormir com o tórax elevado. Você pode fazer isso levantando uma extremidade do colchão, com um livro ou a lista telefônica sob ele – não deixe o bebê dormir com travesseiro. Além disso, evite dar alimentos que produzem muco, como produtos lácteos.

Essas técnicas mostrarão como aliviar a congestão nasal e torácica, mas não devem ser usadas em substituição ao diagnóstico e tratamento profissional, e sim como um auxílio para a recuperação do seu filho. Você também pode experimentar a técnica para descongestionar as narinas em você mesma, antes de usá-la no bebê.

DESCONGESTIONANDO AS NARINAS

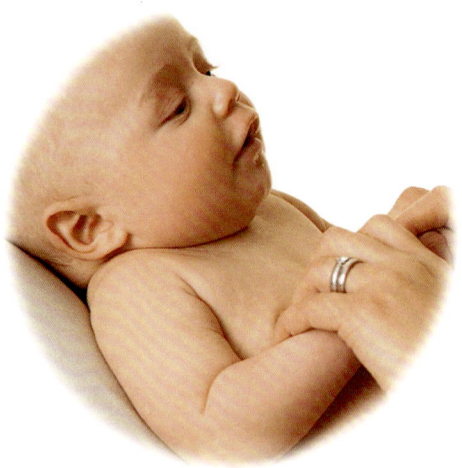

1 Sente-se no chão com as costas contra uma parede e os joelhos elevados. Posicione o bebê no seu colo, de frente para você.

2 Pressione levemente as pontas dos dedos indicadores em cada lado das narinas do bebê e abra-as, pressionando delicadamente para baixo e para fora sob as bochechas.

• Repita 4-5 vezes.

ALÍVIO PARA PEITO CONGESTIONADO

1 Ajoelhe-se em uma almofada com o bebê sentado no seu colo, de frente para você. Abra as pernas dele em torno da sua cintura e deixe que ele se deite para trás, sobre as suas coxas.

2 Usando o peso relaxado das suas mãos levemente em concha, dê tapinhas no centro e nas laterais do tórax do bebê.

- Continue por cerca de meio minuto.

3 Agora, coloque o seu bebê sobre as suas coxas, para que ele fique para a frente e de bruços. Usando o peso relaxado das suas mãos em concha, dê tapinhas na região das costas e laterais do corpo. Se o seu bebê está muito congestionado, ele poderá vomitar um pouco após o movimento de percussão, já que os tubos brônquicos se comprimem e expelem o muco.

- Continue por cerca de meio minuto.

> Alguns óleos essenciais, como de eucalipto e lavanda, são recomendados para a desobstrução dos seios da face. Misture 2-3 gotas no seu óleo básico. Não use óleos essenciais para bebês com menos de 10 semanas. O óleo de eucalipto anulará quaisquer benefícios de tratamentos homeopáticos.

Alívio para olhinhos grudentos

Não é raro bebês com um ou dois dias de vida terem olhinhos grudentos – resultantes, em geral, da entrada de líquido amniótico e outras secreções nos olhos durante o parto –, mas esse sintoma quase sempre desaparece espontaneamente. Entretanto, depois das primeiras 48 horas de vida, olhos grudentos são causados por infecção. Conhecido também como conjuntivite, o problema de olhos vermelhos e com secreção é frequentemente aliviado com uma limpeza com cotonete de algodão e água morna – lave com cuidado para fora dos cantos dos olhos. Se a vermelhidão e a secreção persistirem, procure atendimento médico.

Olhos constantemente grudentos e lacrimejantes podem ser causados por bloqueio no canal lacrimal. Os canais lacrimais são revestidos por membrana mucosa, com extensão para as narinas. Quando essa membrana inflama e incha, os canais lacrimais são bloqueados, causando lacrimejamento em vez de as lágrimas serem drenadas para o nariz, como geralmente ocorre. Experimente essa técnica simples para eliminar o bloqueio.

Não use óleo para essa técnica, pois pode cair no olho do bebê. Certifique-se de que suas mãos estejam limpas e de que suas unhas não arranharão o bebê.

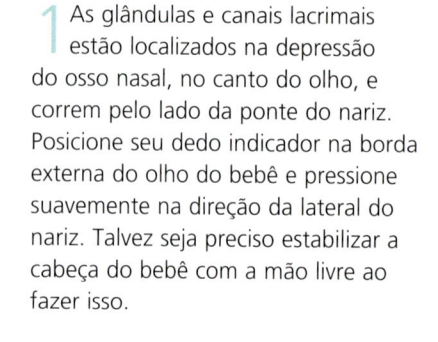

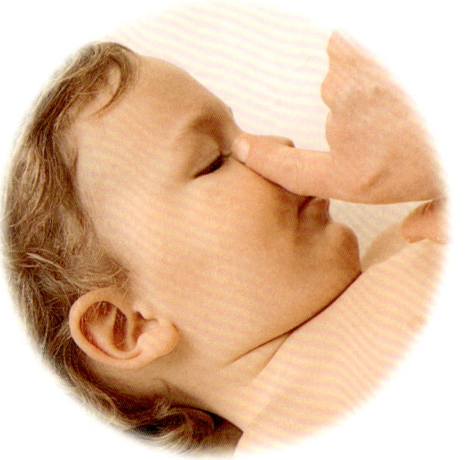

1 As glândulas e canais lacrimais estão localizados na depressão do osso nasal, no canto do olho, e correm pelo lado da ponte do nariz. Posicione seu dedo indicador na borda externa do olho do bebê e pressione suavemente na direção da lateral do nariz. Talvez seja preciso estabilizar a cabeça do bebê com a mão livre ao fazer isso.

2 Arraste o seu dedo para baixo, ao longo da lateral da narina do bebê e sob o osso da bochecha.

• Repita 3-4 vezes.

Tratando ouvidos inflamados

Se o seu bebê apresenta secreção nos ouvidos além da cera normal, ou parece sentir dor, consulte o médico imediatamente. Pode ser sinal de infecção no ouvido médio, o que requer intervenção médica imediata.

O ouvido inflamado libera uma substância espessa e grudenta no ouvido médio, o que impede o movimento normal do tímpano e pode causar surdez parcial. Essa condição crônica resulta, com frequência, de episódios agudos recorrentes de otite média (infecção no ouvido médio).

Há casos em que a inflamação pode ser tratada por um osteopata craniano competente, mas, como medida preventiva, tente a sequência a seguir quando massagear a cabeça e pescoço do seu bebê. Você pode usar óleo para tornar o movimento mais fácil.

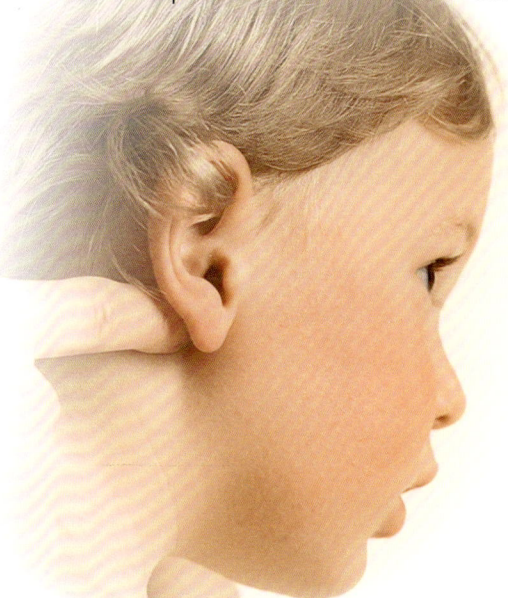

1 Com o bebê de costas para você, posicione os dedos indicadores na lateral da cabeça dele, por trás dos lóbulos das orelhas.

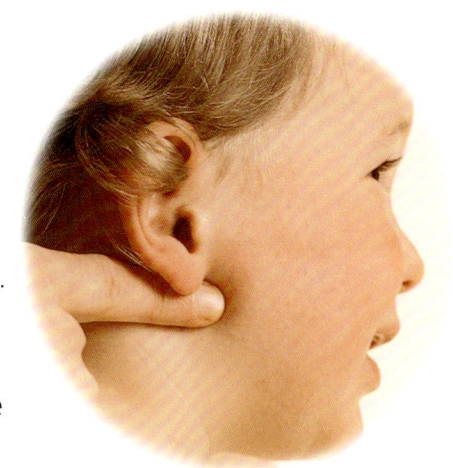

2 Pressione seus dedos com cuidado nas laterais da mandíbula superior do bebê, atrás das orelhas, arrastando-os para baixo, em torno da borda do maxilar e rumo à garganta.

• Repita 3-4 vezes.

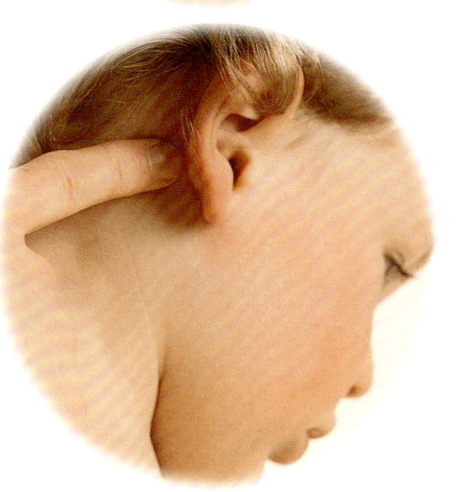

3 Agora, pressione os dedos indicadores novamente atrás dos lóbulos das duas orelhas, arrastando-os com cuidado para baixo e na sua direção, em torno das laterais e base do crânio.

• Repita 3-4 vezes.

Gases, cólicas e constipação

Todos nós engolimos ar enquanto comemos ou bebemos, mas em virtude da imaturidade do sistema digestivo de um bebê novinho, o ar no estômago ou intestinos pode formar um bolsão de gás desconfortável. Os gases são mais comuns em bebês que tomam mamadeira, de modo que a primeira coisa a conferir é se o furo no bico da mamadeira não é grande ou pequeno demais – o leite deve gotejar em um fluxo constante de uma gota por segundo. Além disso, confira se a mamadeira está inclinada e se o leite enche completamente o bico. Uma falha nessas duas condições fará com que o bebê engula muito ar com o leite. Tente manter as costas do bebê retas enquanto ele mama e, ao terminar, dê tapinhas entre as escápulas e deslize a mão pelas costas dele, de baixo para cima, enquanto o inclina levemente para a frente.

Ninguém sabe realmente o que causa as cólicas – longos períodos de choro que geralmente ocorrem à noite – e não existe uma cura certeira, mas se você amamenta ao peito, consuma alimentos integrais e nutritivos regularmente e reserve tempo para se alimentar de maneira adequada, já que isso pode ajudar. Não raro, bebês que mamam ao seio passam dias sem evacuar. Colocar o bebê de bruços quando está desperto (ver p. 18) pode prevenir e aliviar o refluxo, cólicas e constipação, já que a posição alonga e relaxa o abdome, mas não faça isso imediatamente após amamentar – deixe o bebê fazer a digestão primeiro.

Você também pode usar a massagem para a barriga, exceto quando o bebê está indisposto – em vez disso, tente o Tigre na Árvore (ver p. 88). A técnica a seguir pode ser usada entre surtos de desconforto, quando o bebê não está faminto nem com o estômago cheio demais. Uma boa oportunidade para essa massagem é enquanto você troca as fraldas dele.

AMACIANDO A BARRIGUINHA
Se a barriga do seu bebê está dura e não cede, afaste delicadamente as mãos dele e pouse a sua mão relaxada cruzando a barriga, antes de começar a massagem.

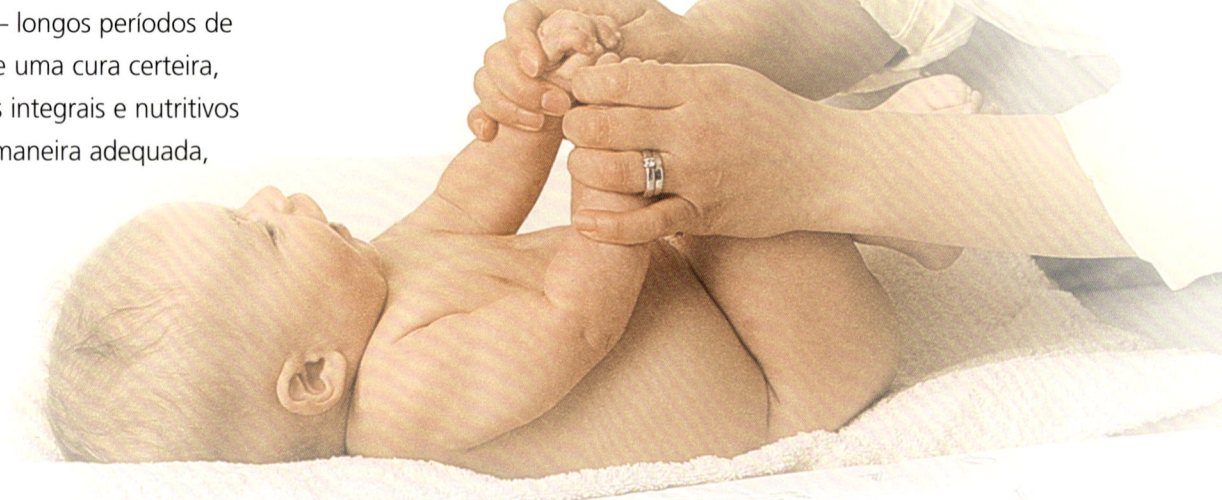

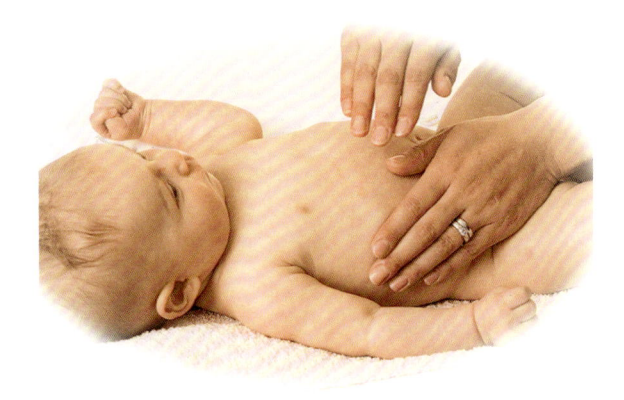

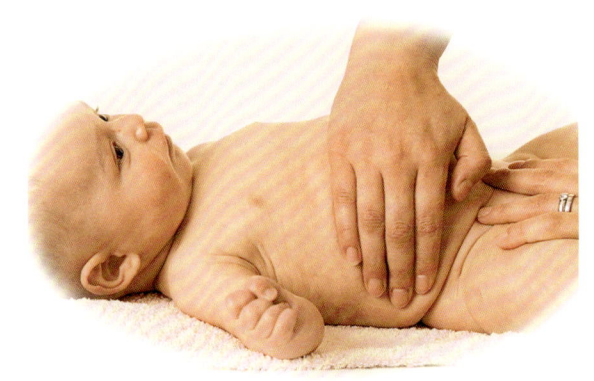

AMACIANDO A BARRIGUINHA

Se o seu bebê sofre de gases, cólica ou constipação, consulte seu médico para eliminar a possibilidade de ele ser alérgico a algo na dieta dele ou, se você amamenta ao peito, na sua. Se ele começou a consumir sólidos, experimente dar mamão amassado, pois contém enzimas que auxiliam na digestão.

1 Deite o bebê no chão e, usando o peso relaxado de toda a sua mão, massageie as laterais do corpo dele, mão sobre mão, das costelas e quadris até abaixo do umbigo.

- Continue por 2-3 minutos e depois repita no lado esquerdo do abdome do bebê.

2 Posicione a mão em concha horizontalmente na barriga do bebê. Aperte de leve e amasse a barriga de lado a lado. Não pressione para baixo, ou o bebê resistirá e contrairá o corpo. Torne os movimentos gentis e brincalhões, para amaciar a barriguinha.

- Continue por cerca de 20 segundos.

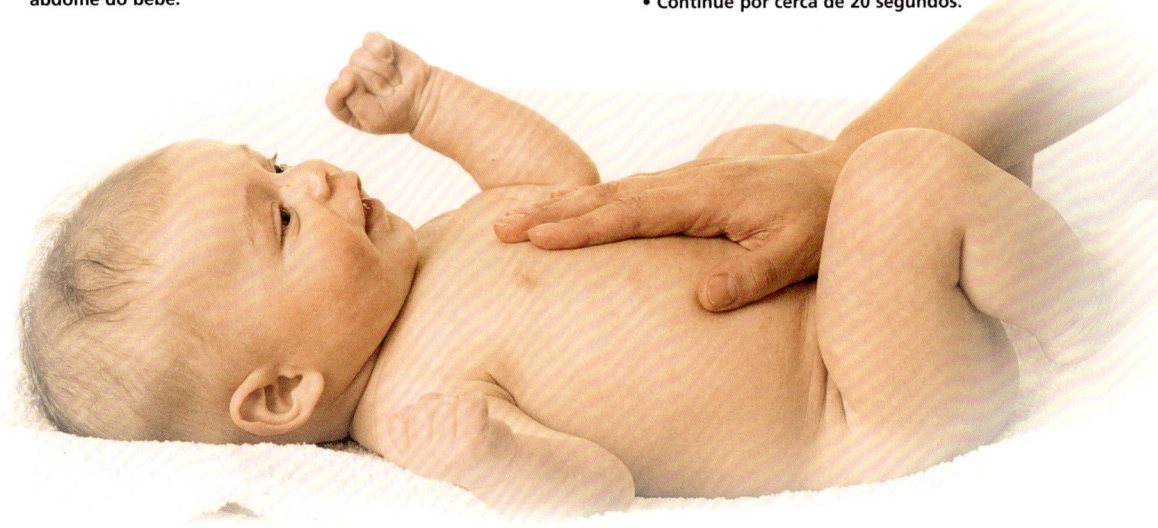

3 Agora, usando o peso relaxado da sua mão em concha, massageie a barriga do seu bebê movendo a barriguinha com a mão em um movimento circular, no sentido horário, da esquerda para a direita.

- Repita 4-5 vezes.

Dentição e irritabilidade

A dentição tem início algumas semanas antes de o primeiro dentinho aparecer, o que pode ocorrer a qualquer momento entre três e doze meses. O primeiro dentinho geralmente é o incisivo central inferior e, após este, outros incisivos aparecem – três em cima e três embaixo, dando ao bebê a capacidade de morder. No total, o bebê terá 20 dentes de leite – em oposição a 32 dentes permanentes, que começarão a aparecer por volta dos seis anos de idade.

A maior parte dos dentes surge sem nenhuma dor ou desconforto detectável, mas um ou dois dias antes ou depois de irromper, seu bebê pode exibir inquietação, baba e desejo de mastigar um objeto duro. Se ele sentir desconforto, um objeto duro e frio – como um mordedor de gel – pode oferecer alívio. Se ele se mostrar particularmente aflito, massagear suas mãos, pés e costas não o perturbará e poderá reconfortá-lo quando estiver agitado e indisposto.

Muitos sintomas são atribuídos incorretamente à dentição, como febre, diarreia, falta de apetite, vômito, tosse e coriza. Já que qualquer desses pode ser resultado de uma doença grave, se o bebê não lhe parecer bem, procure ajuda profissional.

SINAIS DE DENTINHO NOVO
Alguns bebês salivam e enfiam as mãozinhas na boca quando um dente novo está por surgir.

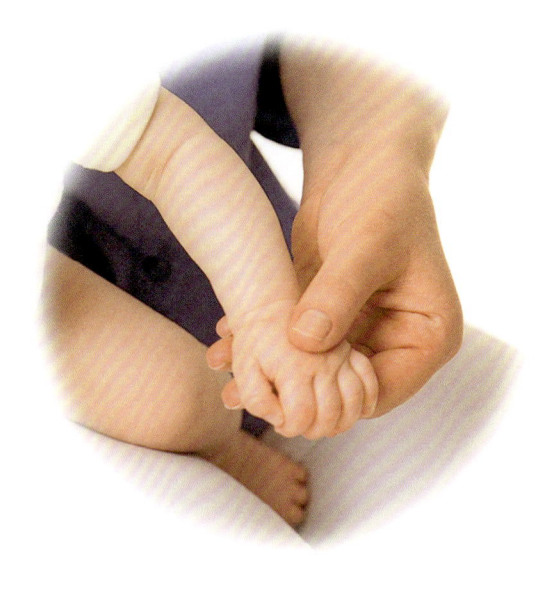

ALÍVIO PARA DOR DA DENTIÇÃO

1 Sentada com o bebê no colo, aperte de leve e massageie suas mãos com delicadeza entre o polegar e os dedos.

2 Leve a massagem até os pés dele, apertando delicadamente e massageando o peito do pé e as solas.

3 Agora, segure-o perto do corpo e deslize as mãos suavemente para cima e para baixo em suas costas, percorrendo a coluna. Fale com ele em voz baixa enquanto o massageia.

> Um remédio natural, como a macela, pode ser eficaz para acalmar seu bebê durante a dentição. Dilua algumas gotas em leite integral e despeje isso na água do banho dele.

Insônia

A maior parte dos bebês mais novinhos não dorme a noite inteira. O seu bebê esteve pertinho de você por nove meses, de modo que esperar que ele se acostume com uma rotina em um ambiente novo e desconhecido é irrealista. Os bebês novinhos precisam alimentar-se com razoável frequência, de modo que é inevitável ele interromper seu sono para mamar. Uma vez alimentado e trocado, seu bebê deverá voltar a dormir após um breve carinho. Lembre-se de que o contato físico é vital para os bebês, e um pouco de tempo gasto nos braços da mãe com frequência é tudo de que eles precisam para aquietar-se (o Tigre na Árvore é profundamente relaxante. Ver p. 88).

Depois que seu bebê entrar em uma rotina de sono mais longo, ele ainda poderá resistir a ir para cama e, quando despertado, a voltar a dormir. Se ele não estiver com fome ou desconfortável e não chorar enquanto estiver nos seus braços, mas chorar quando for levado ao berço, a técnica a seguir pode ser extremamente útil. Ela permitirá que você se retire gradualmente e ofereça ao seu bebê um toque amoroso que assegurará sua presença para ele, induzindo a tranquilidade e o sono.

Grande parte do sucesso dessa técnica depende de você se posicionar confortavelmente, insistir e ser constante. Depois que seu bebê a aceitar, você descobrirá que a técnica induz ao sono e que a criança começará a esperar por ela.

A mesma técnica pode ser usada quando você acha que é hora de introduzir uma rotina e colocar seu bebê no berço em um horário regular. Você pode começar a se afastar ainda mais, encurtando o tempo que passa massageando, mas deixando suas mãos no bebê até ele adormecer. Quando tiver estabelecido isso, você poderá reduzir ainda mais e remover suas mãos quando o bebê estiver quase dormindo – mas permanecer em seu campo de visão para que ele sinta a sua presença. Se o seu bebê consegue sentar-se e faz isso chorando, deite-o e recomece. A etapa final é deitar o bebê, fazer carinho, dizer que é hora de dormir e se retirar lentamente.

ROTINA PARA DORMIR
Usando essa técnica simples e com um pouco de paciência, você ajudará o seu bebê a pegar no sono.

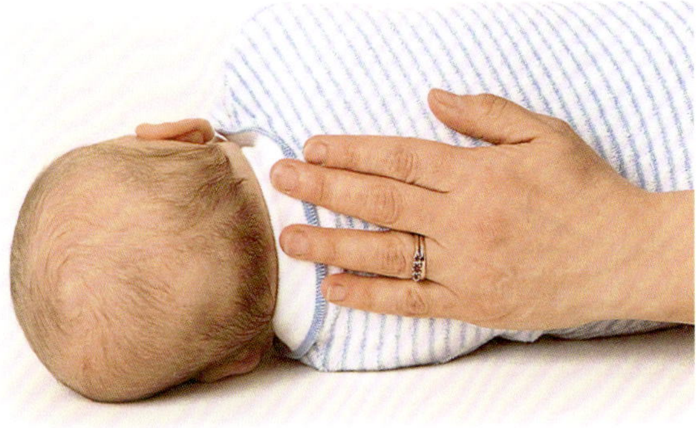

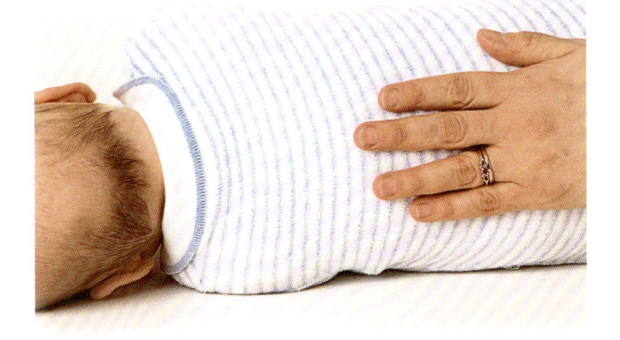

INSÔNIA

Sempre deite seu bebê de costas para dormir. À medida que cresce, ele poderá virar-se para o lado e então dormir de bruços, mas então já terá um risco muito menor de morte súbita (SMSL).

1 Comece deitando seu bebê de lado; você pode sempre virá-lo de costas assim que ele dormir. Massageie em torno do alto da cabeça ou nas costas, usando o peso relaxado de toda a sua mão.

2 Depois, massageie descendo pela coluna, como faria com um cãozinho ou gatinho.

3 Pouse a mão cruzando ao longo da cabeça do bebê; ela se encaixa perfeitamente na palma da sua mão e nos seus dedos.

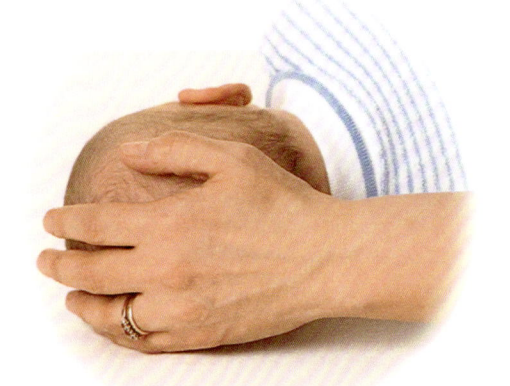

4 Mantendo uma das mãos na cabeça do bebê, coloque a mão relaxada atravessada na barriga dele e massageie-a suavemente, de lado a lado. À medida que ele relaxa, isso induz sensações de tranquilidade. Retire-se muito devagar quando ele pegar no sono.

• **NÃO DEIXE O BEBÊ "CHORAR ATÉ DORMIR".** Insista com a técnica, já que um bebê separado da mãe apresenta altos níveis de hormônios do estresse e isso não é bom para ele (nem para a mãe).

TIGRE NA ÁRVORE

O Tigre na Árvore é uma posição maravilhosa na qual você pode segurar e massagear seu bebê desde o nascimento para relaxar sua barriguinha e aliviar o trauma do parto, cólica, gases, constipação, irritabilidade, ansiedade e outros males associados com tensão abdominal aguda.

A técnica é tanto curativa quanto preventiva e pode ser usada em qualquer local a fim de trazer alívio imediato para o seu bebê quando ele mais precisar, bem como diariamente, para ajudá-lo a desenvolver uma sensação de conforto que se acumula e que pode melhorar imensamente toda a sua disposição. Entretanto, não terá sucesso se ele estiver faminto.

A barriga é um centro emocional e uma grande fonte de tranquilidade. Mantenha a barriguinha do bebê relaxada e você terá um bebê relaxado. Deitá-lo para a frente em seus braços e fazer uma massagem abdominal suave de um lado para outro desperta uma sensação profunda de alívio e relaxamento que invade o corpo inteiro. Apoiar seu bebê em seus dois braços permite que você mantenha a posição por mais tempo, para que ele desfrute o efeito máximo da massagem.

Os pais, sobretudo, considerarão a técnica útil, porque o rosto do bebê está voltado para o lado contrário ao do peito e não há o desconforto de o bebê tentar mamar. Além disso, oferece uma posição boa para acalmar um bebê agitado quando a mãe está ausente ou precisa de um tempo para si.

O modo como você segura e massageia o seu bebê é essencial para o sucesso da técnica. Preserve o seu próprio relaxamento, mantendo seus ombros e mãos relaxados e sua respiração profunda e rítmica. Reserve tempo e balance, fale ou cante suavemente, e o seu filho sentirá sua calma, adaptando-se a você, em vez de você se agitar e se adaptar a ele.

Essa técnica pode ser praticada com o bebê vestido ou despido. Seus efeitos são imediatos e pode ser realizada em qualquer lugar, a qualquer momento. Seu bebê não precisa estar inquieto para que a técnica seja executada. Acostume-o a essa posição. Quanto mais você praticar, mais fácil será e maiores serão os benefícios.

AUXÍLIO PARA O SONO
Seu bebê provavelmente adormecerá nos seus braços quando o desconforto for aliviado por essa técnica.

TIGRE NA ÁRVORE

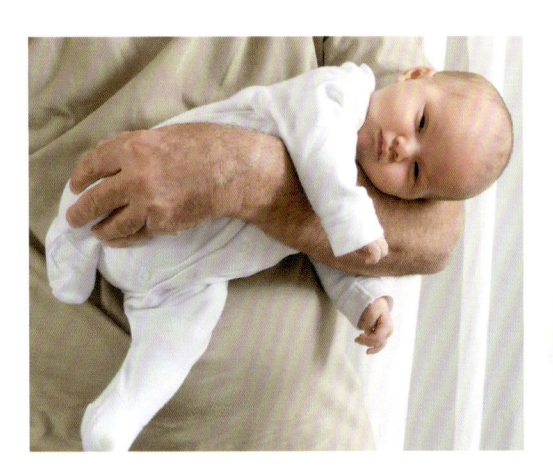

1 Segure o bebê de costas para você e cruze o seu braço esquerdo pelo tórax do bebê, tendo cuidado para deixar o bracinho esquerdo dele cair sob o seu, para que você possa acomodar a cabecinha e o pescoço dele confortavelmente na dobra do seu cotovelo.

ÓRGÃOS INTERNOS

Com a mão aberta, seu polegar está sobre o cólon ascendente e seus dedos estão sobre o cólon descendente (ambos entre as costelas inferiores e quadris).

2 Leve sua mão direita entre os joelhos do bebê e coloque sua palma atravessada na barriga dele, apoiando-o por igual nos seus dois braços. Encaixe o pé do bebê na curva do seu braço e vire-o sobre a sua mão.

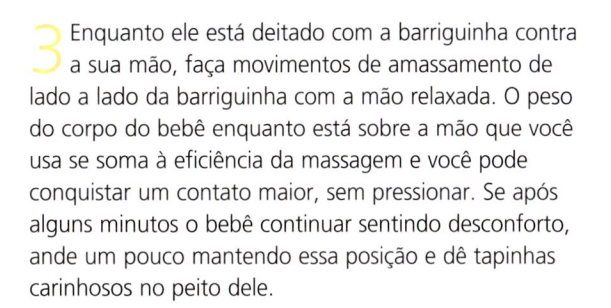

3 Enquanto ele está deitado com a barriguinha contra a sua mão, faça movimentos de amassamento de lado a lado da barriguinha com a mão relaxada. O peso do corpo do bebê enquanto está sobre a mão que você usa se soma à eficiência da massagem e você pode conquistar um contato maior, sem pressionar. Se após alguns minutos o bebê continuar sentindo desconforto, ande um pouco mantendo essa posição e dê tapinhas carinhosos no peito dele.

• **Repita essa técnica com frequência e tente estabelecer a posição como um jeito habitual de segurar seu filho.**

Bebês de cesárea

Os bebês que nascem por cesárea com total ausência do trabalho de parto perdem as contrações prolongadas que acompanham um parto normal e que estimulam o sistema nervoso periférico e principais órgãos de sobrevivência dos recém-nascidos. Consequentemente, esses bebês obtêm benefícios ainda maiores de uma massagem regular. Além de todos os benefícios convencionais, passar um período regular massageando seu bebê também lhe dará a oportunidade de fortalecer seus vínculos emocionais. As tentativas de formação do apego podem ter sido difíceis logo que seu filho nasceu, em virtude dos cuidados médicos necessários imediatamente após a cirurgia e, uma vez que o seu corpo precisa de tempo para se recuperar, a proximidade física pode ser mais difícil, por sua incapacidade de levantar e carregar seu bebê enquanto seu corpo está se recuperando.

Após uma cesárea, você pode usar parte do seu período de recuperação para deitar-se com seu bebê e introduzir uma rotina de massagem para bebês muito novinhos (ver p. 10-16). Quando ele estiver pronto para avançar para uma rotina mais formal, você poderá levantá-lo e carregá-lo. Até a cicatrização completa da sua cirurgia, é melhor não fazer nada que coloque pressão na região inferior do seu abdome. Quando você se sentir capaz de levantar e carregar seu filho, mantenha seus braços tão próximos quanto possível do seu corpo. Nunca tente levantá-lo com os braços totalmente erguidos, já que isso colocará uma enorme tensão na sua região lombar inferior e abdome. Bebês de cesárea podem ser mais propensos à letargia. Assim, pratique a massagem para lhe dar o estímulo necessário, o que também oferecerá oportunidades para você conferir e promover a saúde estrutural e se envolver emocionalmente com seu filho.

REFORÇO EXTRA
A massagem pode dar a um bebê de cesárea o estímulo de que ele precisa para se desenvolver.

Bebês prematuros

Dada a alta qualidade e sofisticação dos cuidados neonatais atuais, a maioria dos bebês prematuros – incluindo alguns que pesam apenas 900 gramas – sobrevive. Alguns são alimentados via intravenosa e todos têm a temperatura corporal e pressão arterial constantemente monitoradas dentro de uma incubadora estéril. Em vista dessas condições, tocar e acariciar pode ser difícil, mas você ainda pode fazer contato com as partes mais acessíveis do corpo do seu bebê, começando com as mãos e os pés.

Bebês muito prematuros podem ser hipersensíveis ao toque, mas quando amadurecem um pouco, o toque da mãe é extremamente benéfico. Um bebê que passa muito tempo em uma incubadora pode associar o toque com procedimentos médicos, podendo chorar ao ser manuseado.

A equipe da unidade especial de cuidados neonatais incentivará você a tocar seu bebê e – quando e onde possível – a segurá-lo e manuseá-lo para ter o máximo possível de contato pele a pele.

Tocá-lo e acariciá-lo ajudará no seu desenvolvimento. Tenha paciência – observe-o e preste atenção às respostas dele.

No início, você pode tentar simplesmente pousar suas mãos de maneira suave na pele do seu filho.

BENEFÍCIOS PARA BEBÊS PREMATUROS
Estudos mostram que bebês prematuros, se massageados suavemente por 15 minutos diários durante dez dias, absorvem melhor o alimento e ganham peso mais rapidamente que aqueles que não são massageados. Os bebês massageados dessa forma deixam o hospital seis dias antes daqueles que não recebem massagens, conforme relatos.

Deficiências visuais

Crianças com deficiência visual podem obter muitos benefícios de massagens regulares. Talvez ainda mais que a maioria dos bebês, essas crianças têm uma necessidade profunda de estímulos táteis. O tato pode proporcionar um meio de comunicação que permite a recepção de informações sensoriais sobre o mundo externo e uma forma de interagir com ele.

O prejuízo de um dos sentidos com frequência leva ao maior desenvolvimento de outro, o que é verdadeiro sobretudo para o tato. Crianças com deficiências visuais dependem desse sentido para dar forma aos objetos do mundo externo e reconhecê-los. Praticada de forma regular, a massagem pode levá-la a um contato maior com seu filho, o que pode ajudar você a guiá-lo para os objetos que ele usará todos os dias. Também auxilia o bebê a superar qualquer resistência que possa ter a ser tocado e o incentiva a ser socialmente mais interativo.

É importante introduzir a massagem devagar. Comece acariciando com delicadeza o seu bebê – fale com ele e preste atenção a sua reação. Eu conheci uma mãe que fechava seus olhos ao massagear o filho. Ela falava e cantava, e mantinha contato físico em abundância – acariciando, beijando e mantendo o seu rosto muito próximo ao do seu bebê.

ESTIMULANDO OS OUTROS SENTIDOS
Para envolver sentidos como audição e olfato, converse suavemente e mantenha seu rosto próximo ao do bebê enquanto o massageia.

Deficiência auditiva

Bebês com deficiência auditiva ganham muito com a massagem. Praticada regularmente, a massagem incentiva o desenvolvimento do bebê e ajuda você a apreciar as formas que ele usa para se comunicar. Fortalece o seu relacionamento emocional e aumenta a autoestima do seu filho. Um bebê com prejuízo auditivo precisa que lhe falem e lhe ofereçam muito estímulo visual, assim como muitas expressões físicas de afeto. Fale com seu bebê e exagere nos movimentos labiais ao pronunciar as palavras, para que ele possa concentrar-se totalmente em você.

Introduza a massagem lenta e delicadamente, para superar qualquer resistência tátil inicial. Acaricie seu filho e mantenha contato visual enquanto explica o que está fazendo, à medida que o faz. Torne a massagem agradável e preste muita atenção à resposta do bebê.

FAÇA CONTATO VOCAL
Fale com seu bebê enquanto o massageia. Fique perto e use muitas expressões faciais de aprovação e afeto.

Alguns bebês com deficiência auditiva ou visual começam a engatinhar ou andar mais tarde que aqueles sem deficiência. Isso pode ocorrer porque resistem mais a deitar-se de bruços – por se sentirem excluídos do que está ocorrendo ao seu redor. Portanto, quando você massagear as costas do seu filho, tente deitá-lo apoiado em uma almofada da cintura para cima.

Pés tortos

Essa é uma deformidade congênita em um ou ambos os pés do bebê, na qual o pé apresenta forma ou posição incorreta. Em uma das formas mais comuns, o pé do bebê volta-se para dentro, com frequência como resultado de sua posição no útero. O problema pode ser leve ou grave e, às vezes, pode ser corrigido por fisioterapia ou, se não, por um pequeno procedimento cirúrgico. Para endireitar o pé do bebê, o calcanhar deve ser estendido. Para que isso ocorra, o músculo da panturrilha deve relaxar e se alongar, para permitir o movimento. Aqui estão algumas técnicas de massagem que você pode usar, mas confira com seu fisioterapeuta antes de começar e mostre a ele o que planeja fazer.

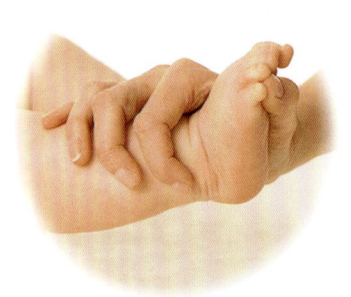

1 Ajoelhada confortavelmente, com seus pés sobre uma almofada, puxe a perna e pé do bebê, com mão sobre mão, através das suas palmas. Com o seu polegar voltado para fora, arraste sua mão pela panturrilha do bebê. Complete e vire o pé para fora, para estender o calcanhar até onde puder, mas não use nenhuma força.

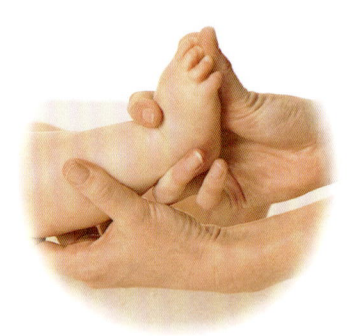

2 Mantenha o pezinho nessa posição enquanto massageia a panturrilha do bebê com a outra mão.

• Continue por alguns minutos, ou enquanto seu bebê deixar. Repita duas vezes ao dia – de manhã e à noite.

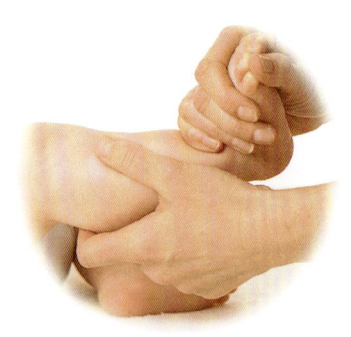

3 Agora, segure o pé do bebê na mesma posição enquanto você o massageia e estimula o músculo na lateral da canela com as pontas dos seus dedos.

4 Sentada confortavelmente com apoio em suas costas, levante os seus joelhos e deixe o bebê agachar-se sobre sua barriga, com as costas recostadas nos seus joelhos. Os joelhos dele devem estar flexionados e abertos e os pezinhos devem estar apoiados contra o seu peito ou cintura. Massageie a panturrilha dele enquanto tenta, simultaneamente, estender o calcanhar, pressionando o pezinho contra o seu peito ou cintura. Não deixe de apoiá-lo, para impedi-lo de dar impulso e passar sobre os seus joelhos, o que pode resultar em queda.

• Continue por alguns minutos ou enquanto seu bebê deixar. Repita pela manhã e à noite.

Paralisia cerebral

Esse problema é atribuído ao desenvolvimento incompleto da parte do cérebro responsável pelo movimento e postura. Dificuldades de aprendizagem e de visão, incluindo problemas na fala e audição, também podem estar presentes se partes adjacentes do cérebro também são afetadas. Os efeitos variam de uma criança para outra e vão de leves a graves.

Existem três formas reconhecidas de paralisia cerebral: ataxia – marcha instável com dificuldades de equilíbrio; espasticidade – controle desordenado do movimento, associado sobretudo com rigidez muscular; e atetose – movimentos incontroláveis ou involuntários de diferentes partes do corpo. Crianças gravemente afetadas por paralisia cerebral podem requerer cuidados e apoio postural permanentes. No dia a dia a massagem pode trazer um grau de alívio de moderado a alto e melhora na qualidade de vida dessas crianças. Se você ainda não pratica massagem no seu filho, solicite o auxílio do seu fisioterapeuta e mostre a ele o que você pretende fazer.

Qualquer melhora no tônus muscular traz um potencial maior para o movimento e pode influenciar a postura. A massagem pode aliviar as cãibras que resultam de músculos rígidos. Gases e constipação crônica são causados, com frequência, por postura deficiente, e a falta de movimentos e de mobilidade pode ser aliviada. A circulação pode ser melhorada e um período regular de contato físico estreito, trazido pela massagem, também melhora a comunicação.

A paralisia cerebral pode não ser reconhecida durante o primeiro ano ou mais. Assim, se você tem razões para acreditar que seu filho tem algum problema, consulte um médico. Se o seu bebê recebeu esse diagnóstico, é recomendável iniciar a massagem o quanto antes. Obviamente, nunca tente forçar para abrir ou fechar nenhuma articulação do bebê – modifique as técnicas para adaptá-las a ele. Se o seu bebê resistir a ficar nu, faça a massagem sobre as roupas. Introduza a massagem aos poucos – talvez uma parte do corpo do bebê de cada vez. Você pode começar com as mãos e os pés, depois avance para as mãos e os braços e, finalmente, pés e pernas, para desenvolver uma rotina. Tente massagear seu bebê diariamente e, se encontrar dificuldades, consulte seu fisioterapeuta.

> **ATRAINDO A ATENÇÃO**
> Não se esqueça de falar, cantar e permanecer perto do bebê para que ele continue prestando atenção.

Índice remissivo e agradecimentos

Alívio
  para congestão nasal, 78
  para dor da dentição, 85
  para gases, cólicas e constipação, 82, 88
  para infecção do ouvido médio, 81
  para olhos grudentos, 80
  para peito congestionado, 79
Alongamento, o primeiro, 12
Amaciando a barriguinha, 83
Amassamento, 25
Articulações, tensão nas, 32

Banho de ar
  fase dos primeiros passos, 74
  primeiros meses, 20
Barriga
  hora da, 18-19
  massagem, 36-37
Bebês de cesárea, 90
Bebês prematuros, 91
Benefícios,
  da ginástica suave, 61
  da massagem de corpo inteiro, 23
  da massagem precoce, 9
  da massagem sentada, 51
  do toque, 6
  do toque terapêutico, 77
Benefícios emocionais, 6

Cabeça
  massagem, 46-47
Caminhando, 63
Canais lacrimais, 80
Choro, 82, 86, 88
Circulação e paralisia cerebral, 95
Cócegas, 36
Cólica, 82, 88-89

Coluna. Ver Costas
  integridade, 44
Congestão, 77-78
  nasal, 78
  torácica, 79
Constipação, 82
  paralisia cerebral e, 95
Contato, fazendo, 9-11
Contraindicações, 29
Costas
  curvatura, 69
  força e flexibilidade, 70-71
  massagem, 44-45

Deficiência auditiva, 93
Deficiências visuais, 92
Dentição, 84-85
Desenvolvimento motor, 50
Digestão, 36
Doença, sintomas de, 76

Engatinhando, 63
Equilíbrio, 30, 57

Ficar de pé, 63
Flexão fisiológica, 3, 12
Fontanela (moleira), 46
Fricção, 25

Gases, 82, 88-89
  e paralisia cerebral, 95
Ginástica, suave, 60-71

Habilidades de manejo, 42

Infecções, resistência a, 38
Insônia, 86-87
Irritabilidade, 84

Mamadeira, amamentação com, 82

Manter a posição, 13
Mão(s)
  descontrair, 40
  massagem, 42-43
  posição, 24
  sobre mão, 25
Massagem dos braços, 40-41
Massagem no pescoço, 46-47
Massagem nos ombros, 40-41
Massagem nos pés, 30-31
Massagem nos quadris, 34-35
Massagem sentada, 46, 51
Mobilidade
  incentivando a, 60, 62-63
Moleira. Ver Fontanela
Movimentos de massagem, 25
Músculos da postura, 32

Narinas congestionadas, desobstrução, 78

Obstrução nasal, 78
Óleos, 26, 79
Óleos básicos, 26
Óleos de aromaterapia, 26
Óleos de ervas, 27
Óleos essenciais, 26
Olhos grudentos, 80
Ouvidos com secreção, 81
Ouvidos inflamados, 81

Pai e bebê, 16-17
Paralisia cerebral, 95
Peito congestionado, 79
Pele
  contra pele, contato, 14-15
  hipersensível, 76
  infecções, 27, 29
  seca, 26
  teste, 27

Percussão, 25
Perna(s)
  fortes e flexíveis, 66
  massagem, 32-33
Pés, 30-31
  deformidades nos, 94
  voltados para dentro, 58
Pose de natação, 44
Pose do alfaiate, 54
  balanço, 64-65
Postura
  do bebê, 50-52
  para a massagem, 28-29
  recém-nascido, 10
Primeiro alongamento, 12-13
Pulmões, 38

Reação alérgica, 27, 83
Reflexo de preensão, 42
Reflexo de susto, 40
Refluxo, 82
Reintroduzindo a massagem, 72-75
Respiração, 52
  maximização do potencial, 23
  melhora da, 38
  ritmo, 36, 44, 52
Respiração abdominal, 51
Ritmo respiratório mais profundo, 27, 52

Sentar
  ajuda para, 52-53
  ao estilo japonês, 58-59
  com apoio, 54-55
  sem apoio, 56-57
Síndrome da morte súbita do lactente (SMSL), 18, 87
Sistema imunológico, 20
Suturas, 46

Tampão do berço (dermatite seborreica), 47
Técnica craniossacral, 48-49
Tigre na árvore, 88-89
Toque, o primeiro, 10
Tórax, 38
  aberto, 68
  massagem, 38-39
Trauma do parto, 46
Tubos brônquicos, 78

Agradecimentos

Sou grato a todas as mamães, papais e bebês que contribuíram para as fotos deste projeto.

Créditos das fotos

Babyarchive.com: páginas 8, 22, 23
Photolibrary.com: páginas 61, 77, 90, 91, 92, 93